JE ME SUIS ÉVADÉ DE PRISON

Raittia Rogers

Je Me Suis Evadé de Prison

Tous droits réservés © 2022 par Raittia Rogers

Publié initialement le 28/11/19

Imprimé aux États-Unis d'Amérique

ISBN : 979-8-218-02170-2 (livre de poche)

Tous droits réservés. Imprimé aux États-Unis d'Amérique. Aucune partie de ce livre ne peut être utilisée ou reproduite de quelque manière que ce soit sans autorisation écrite, sauf dans le cas de brèves citations incorporées dans des articles critiques ou des revues.

Publié par : Joseph's Ministry, LLC

www.josephsministryllc.com

DÉDICACE

Ce livre est dédié à toute personne qui se bat contre le sentiment d'être happée. Tous ceux qui ont grandi sans recevoir les mots "Je t'aime", "Tu es intelligent", "Tu es beau", "Tu vas réussir", "Tu seras grand un jour" ou "Tu peux être tout ce que tu veux". Ceux qui ont été poussés dans ce monde maléfique qui donne un faux amour et vend un faux espoir. Ceux qui se sont enfuis ; obligés d'apprendre à s'élever tout seuls à un jeune âge en cherchant cet amour et cette affection, cette attention et ces soins auprès de leurs amis. Ceux qui ont fait partie de gangs, qui ont volé, qui ont eu des relations sexuelles jeunes, qui se sont battus, qui ont eu des problèmes avec la loi, ou qui ont senti leur vie devenir incontrôlable. Ceux qui ont été amenés à écouter les mensonges du diable à cause de ce qu'on leur a enseigné et qui est tout ce qu'ils ont jamais connu.

Vous voulez en sortir et vous voulez de l'aide. Je crois que j'ai été envoyé pour vous aider et vous annoncer la bonne nouvelle, pour briser les chaînes de l'esclavage et inverser la malédiction sur votre vie. La bible dit dans Osée 4:6 "Mon peuple périt par faute de connaissance".

Les enfants d'Israël se sont insurgés contre le Seigneur et n'ont pas voulu écouter et obéir à leur chef Moïse. Il leur a fallu quarante ans pour quitter le désert, un voyage qui aurait dû durer onze jours du fait de leur mentalité d'esclaves. Je vous préviens donc que vous resterez bloqués si vous ne vous repentez pas de vos péchés et si vous ne changez pas d'avis, en suivant les plans de Dieu plutôt que les vôtres. Les voies de Dieu ne sont pas comme les nôtres.

Table of Contents

DÉDICACE iii
INTRODUCTION 1
UN ENFANT DES ANNÉES 80 5
VIE DE VOYOU 9
TRAFIQUANT DE DROGUE 13
FOLIE 17
NÉE POUR BRILLER 21
EXPULSER 25
NAIVE 27
NON PRÉVUE 31
MANQUE A L'APPEL 35
GROSSESSE 37
MON Ange 43
ABANDON 45
ABRITÉ 49
LE PROCESSUS D'ACCOUCHEMENT 53
FROMAGE DU GOUVERNEMENT 57
CHAOS 63
EVINCÉ 65
RÉSULTATS DES TESTS 71
LE GHETTO 75
VIOLE 77

VIOLENCE DOMESTIQUE	79
SANS PHASE	81
JE NE SUIS PAS SEULE	83
VISIONS PRÉDITES	85
ARRESTATION DU SAINT ESPRIT	89
BELLE ÉPAVE	93
L'APRÈS-MARCHE	97
VISITE SURNATURELLE	101
FOI INÉBRANLABLE	105
ŒUVRER	109
GUSTO	113
JEHOVAH SHAMMAH (LE SEIGNEUR EST TOUJOURS PRÉSENT)	117
CHOISI	121
MARQUÉ À VIE	127
GRACÉ	131
MAINS GUÉRISSEUSES	137
BÉNIS POUR BÉNIR	145
ISAÏE 58	149
GLOIRE DE DIEU	151
FAITES CONFIANCE AU PROCESSUS	155
MÊME SI JE TOMBE, JE ME RELÈVERAI	161
PRISON D'EDDIE WARRIOR	169
JÉHOVAH RAPHA (LE DIEU QUI GUÉRIT)	171
VICTORIEUSE	175

LE GRAND TEST	179
L'ANNÉE DE SORTIE	185
MESSAGES INSPIRÉS	191
À PROPOS DE L'AUTEUR	193
TÉMOIGNAGES	199
PRIÈRE/REMARQUES	201
REMERCIEMENTS	203

INTRODUCTION

Le diable est vraiment en train de détruire la vie des gens, de leur vendre de faux espoirs, de tromper bon nombre d'entre eux sur leur identité même de ce qu'ils sont vraiment nés pour être, de tromper les gens à tout prix, de mettre fin à l'existence même des gens. Les gens commettent des crimes tous les jours dans le monde entier. C'est juste que certains se font prendre et d'autres non, mais nous avons tous commis un péché ou une mauvaise action dans notre vie. Mais ceux qui pensaient ne pas être pris, Dieu l'a vu et d'une manière ou d'une autre, vous avez dû payer pour ce que vous avez fait.

Les offensives du diable sont des combats spirituels ; émotionnels, physiques, spirituels et financiers dans tous les sens du terme. Son travail consiste à détruire ou à anéantir la vie des gens. Jean 10:10, "Le voleur ne vient pas pour voler, mais pour tuer et détruire. Je suis venu afin qu'ils aient la vie et qu'ils l'aient en abondance. Deuxième Epître à Timothée 3:1-5, nous dit : "Sachez aussi que, dans les derniers jours, il arrivera des temps périlleux, où les hommes seront amateurs d'eux-mêmes, cupides, fanfarons, orgueilleux, blasphémateurs, indociles envers leurs parents, ingrats, sans affection naturelle, briseurs de trêves, faux accusateurs, fougueux indiscrets, méprisant les bons, traîtres, capricieux, hautains, amateurs des plaisirs plus que de Dieu. Ils ont une apparence de piété, mais ils en nient la puissance ; de tels hommes, éloignez-vous."

Les gens n'ont pas la maîtrise de soi et ont besoin de Dieu dans leur vie. Les gens se battent en justice, sont mis en prison, en probation, et même envoyés au pénitencier, tout cela à cause d'un manque de maîtrise de soi. Cela coûte en moyenne plus de 31 000 dollars par détenu et par an à l'échelle nationale ; dans certains États, cela peut aller jusqu'à 60 000 dollars. Selon les statistiques du Bureau américain de la justice, 2 220 300 adultes ont été incarcérés dans des prisons fédérales, des prisons d'État et des prisons de comté aux États-Unis.[1] Les États-Unis ont l'un des taux d'incarcération les plus élevés

---

[1] "Fact Sheet: Trends In U.S. Corrections." The Sentencing Project, June 2019, http://www.sentencingproject.org/.

au monde. Avec 655 détenus pour 100 000 habitants. Sans évangélisation et discipline efficaces, 87% des prisonniers seront des récidivistes, retournant à une vie de crime après leur sortie de prison.[2]

---

[2] "Fact Sheet: Trends In U.S. Corrections." The Sentencing Project, June 2019, http://www.sentencingproject.org/.

JE ME SUIS ÉVADÉ DE PRISON

CHAPITRE
UN

UN ENFANT DES ANNÉES 80

Mes parents se sont mariés lorsque j'étais enfant. J'aimais aller à l'église pour être guidé par le Seigneur avec mon grand frère et ma sœur, mais ma petite sœur n'était pas encore née. Je me souviens avoir vu mon père à genoux, s'exprimant en langues et invoquant Dieu. Il nous a appris le "Notre Père" à partir des Écritures et comment faire cette prière chaque soir. Ma sœur, mon grand frère et moi-même nous agenouillions et priions chaque soir ; cela a vraiment eu un impact sur ma vie, encore aujourd'hui. Je me souviens de cette prière et je m'agenouille encore pour la prier.

Ma mère et mon père ont divorcé et je me souviens avoir vécu avec mon père. Nous nous déplacions d'un parent à l'autre. Une fois, dans l'appartement de ma mère, j'étais en bas en train de dormir sur le canapé quand cet homme plus âgé, qui est un parent, est entré sans faire de bruit. Il s'est assis sur le canapé à côté de moi et a commencé à me toucher en me demandant si je me sentais bien ici ou là, tout en touchant mon torse et mes parties intimes. Je n'avais que 6 ou 7 ans lorsque cela s'est produit. Je me sentais tellement mal à l'aise !

Je ne me souviens pas où était passée ma mère pendant cette période, car elle ne pouvait pas m'aider. Mon père venait souvent nous rendre visite et nous récupérer, mais je ne lui ai rien dit car il l'aurait tué. Un jour, mon père a eu des problèmes judiciaires et est allé en prison pendant plusieurs années. Peu avant son départ, il est venu nous chercher et nous avons passé quelques nuits ensemble. Il a cuisiné le dîner, des lasagnes et du cobbler aux pêches, et c'était super ! Je n'oublierai jamais ça. Après qu'il ait été enfermé, j'ai emménagé avec ma mère qui faisait de son mieux pour élever quatre enfants tout en se droguant et en buvant de l'alcool. Elle avait beaucoup de petits amis et d'amis, alors nous avons déménagé dans différents endroits, mais elle nous gardait à l'école et prenait soin de nous - nous nourrissait et nous habillait. Nous avons également vécu dans différents refuges.

J'ai également vécu avec mes grands-parents, John et Mamie McBee, pendant une longue période. Ils se sont vraiment bien occupés de nous. On se disputait beaucoup avec ma soeur et moi pour des choses stupides. Ce qui nous distinguait, c'est que nous n'avions pas peur l'une de l'autre, sachant que nous n'avions qu'une marche d'écart, mais que nous étions toujours sœurs, alors nous nous réconciliions. Ma mère ne nous a jamais incitées à nous disputer, mais à nous entendre, car les sœurs ne sont pas censées se disputer. Elle nous a dit qu'elle ne voulait pas que nos beaux visages soient marqués par des bagarres, mais j'ai quand même grandi en me battant énormément, surtout à l'école. On nous apprenait que si on me frappait en premier, c'était gagné !

CHAPITRE
DEUX

VIE DE VOYOU

Quand j'étais petit, je me souviens qu'un garçon se moquait de ma mère à l'école primaire et qu'à l'époque, on ne se moquait pas de la mère de quelqu'un sans en arriver aux mains, alors ce garçon n'allait pas s'en tirer comme ça. Après la sonnerie, on s'est battus et il a eu ce qu'il méritait. Les élèves dans le bus regardaient et disaient des choses comme "Wow, c'était un bon combat de lui mettre une raclée comme tu l'as fait". Étant donné que tout le monde me félicitait, j'ai fini par avoir la réputation de bagarreur à l'école. Cela a appris aux autres enfants à ne pas m'embêter parce que je n'embêtais personne tant qu'ils ne s'en prenaient pas à moi en premier. Alors, quand j'ai commencé à grandir et à aller à l'école, j'ai trouvé un intérêt à me comporter plus mal pour montrer aux autres enfants que je ne joue vraiment pas. J'ai rejoint un gang baptisé "Hoover Crips". J'ai même cru que l'orange et le bleu étaient mes couleurs préférées à l'époque, car c'étaient les couleurs de ce gang. Je portais un durag bleu pour soutenir mon gang et je lançais le symbole du gang Hoover en l'air pour que tout le monde sache que je le revendiquais. Je volais dans les magasins les choses dont je croyais avoir besoin. Mes notes étaient pourtant bonnes. Je séchais les cours et j'avais des petits amis tout en étant une petite délinquante garçon manqué.

Je regardais ma mère et d'autres membres de ma famille dérober des articles dans les magasins et c'est devenu une habitude de voler diverses articles dans les magasins en apprenant d'eux. Ma vie était devenue une véritable spirale descendante, et je m'en fichais. Je ne me rendais pas compte que je cherchais à attirer l'attention parce que je sentais que personne ne se souciait de moi ou ne m'aimait.

Un jour, ma mère nous a laissés chez une amie pour passer une nuit avec nos amis, nous étions toutes comme des cousines. J'avais treize ans quand j'ai perdu ma virginité à cause de mon grand frère, qui est maintenant décédé, alors que nous jouions tous à cache-cache, mais il avait de mauvaises intentions et il s'est glissé parmi nous pour jouer à cache-cache et m'attraper. Je lui ai dit : "NON, qu'est-ce que tu fais ? Lâche-moi", mais il s'en fichait. Il me voulait. Il a dit, "Shhhhh ne dis rien." Puis, il a commencé à m'embrasser et à lécher mon oreille. Personne n'est entré dans la pièce, mais ça faisait mal. Je suis allée à la salle de bain et j'ai vu du sang et des trucs blancs en bas, et je ne savais pas ce qui venait de m'arriver avant de réaliser qu'on venait d'abuser de moi. Je me suis sentie sale. Différente. Je me suis sentie trompée ; je ne pouvais plus le regarder de la même façon. Je ne le regardais même plus comme avant. Nous étions tous comme des cousins parce que nos parents ont grandi ensemble. Comme mon attitude changeait, on disait que j'étais folle, que je devenais sauvage, méchante et hors de contrôle. Je maudissais et me battais avec les gens qui me cherchaient. J'ai essayé l'herbe de temps en temps, mais je n'aimais pas ça. Je ne me sentais pas bien, je me sentais tellement bizarre et enfermée. Ça prenait le dessus sur moi et je ne pouvais pas le supporter. J'ai aussi essayé les cigarettes, mais j'avais l'impression d'être malade parce que je toussais beaucoup et je n'aimais pas ça. J'ai découvert les cigares noirs et doux, dont j'appréciais le goût et l'odeur et qui ne me faisaient pas tousser.

CHAPITRE
TROIS

TRAFIQUANT DE DROGUE

Je buvais de la bière et parfois des alcools forts, je fumais des cigarettes noires et je faisais la fête les week-ends, et c'était le paradis, je commençais à en faire ma vie, et c'était si mauvais que les gros flambeurs me donnaient du "crack". Ma sœur, mon cousin Ricky et moi-même pouvions aller au centre commercial et acheter des chaussures de marque que nous appelions "Gangster Nikes" et que les autres membres du gang portaient. Nous étions fiers de nous grâce à nos réalisations, car j'étais la chef de file parce que j'étais fougueuse, folle, et un peu plus âgée aussi, alors ils m'admiraient. On se postait au "hood store" au nord et on vendait de la drogue pour garder de l'argent dans nos poches, on s'introduisait aussi dans des maisons et on les dévalisait. J'avais aussi l'habitude de frapper le petit ami de ma mère pour l'avoir embêtée.

Un jour, à l'école, j'étais désagréable et je ne participais pas au cours parce que c'était ennuyeux et que je ne comprenais pas. Je sortais en douce et errais dans les couloirs et dans les salles de bains en écoutant le rap de Nas, "If I Ruled the World". Je croyais avoir de meilleures choses en tête, comme rêvasser à mon petit ami mexicain avec qui j'avais l'habitude de baiser quand je vivais avec mes grands-parents. Alors, en attendant le début du prochain cours, le professeur m'a collé une note et m'a fait partir au bureau pour non-respect des règles. Je suis plutôt partie à la cafétéria, alors ils ont appelé les agents de sécurité pour me chercher. Je refusais de suivre leurs règles. De toute façon, je n'avais rien à foutre d'être là. À ce moment-là, trois gardiens essayaient de me retenir. Ils ont appelé ma mère pour qu'elle vienne me chercher et elle m'avait entendu dire du mal d'eux. Elle s'est précipitée dans la zone de la cafétéria où les agents de sécurité faisaient de leur mieux pour me retenir et me menotter lorsqu'elle a crié "lâchez mon bébé". J'ai mordu l'un d'entre eux et je me suis battue avec eux, à coups de pied et de poing. La gardienne a dû se faire soigner. J'étais si maigre mais vraiment forte, et finalement j'ai été menottée, arrêtée et emmenée au centre de détention pour mineurs.

C'était une véritable expérience. Au centre de détention, on devait nous dire quand manger, dormir, sortir et tout le reste. J'y suis resté un moment, puis c'était l'heure du tribunal et ma mère s'est présentée et j'ai été relâché chez ma mère ; ma famille me manquait. Mais je n'ai pas appris de leçon. Dans la même école, j'avais une amie avec qui j'avais l'habitude de passer le week-end, sa maison était juste au coin de notre école, et son père avait des préjugés, mais je m'en fichais. Elle était mon amie cool et elle aimait les filles noires. Nous nous sommes tout de suite entendues parce que nous étions toutes les deux intéressées par la vie, rebelles, et que nous avions une attitude "je m'en fous".

Chez elle, elle me cachait dans son placard et me faisait manger en cachette. Nous volions la monnaie de son père et achetions des bonbons avec. Une nuit, nous avons volé sa voiture et sommes allées chez un garçon pour faire la fête et nous amuser, puis nous sommes rentrées en douce avant qu'il ne découvre qu'elle avait volé sa voiture.

Une autre fois, son père était à la maison et mon amie m'a cachée derrière un gros ours en peluche. Elle a ouverte la porte et a laissé son père entrer et après qu'il soit sorti de sa chambre, elle m'a dit qu'elle pensait qu'il m'avait vu me cacher, alors elle m'a dit qu'elle était désolée et que, vu la tête qu'il faisait, il valait mieux que je parte. J'ai fini par sauter par la fenêtre.

CHAPITRE
QUATRE

FOLIE

En marchant sur une très longue route la nuit, en essayant de rejoindre l'appartement de mon amie Mayia dans les appartements de Mohawk Manor, je me souviens du sentiment d'être épiée. À ma grande surprise, un mec dans une voiture me regardait, et s'est tourné dans ma direction. Je me suis dite en moi-même que j'espérais que rien de mal ne m'arriverait, mais tout à coup, pour une raison étrange, il a continué à avancer. J'avais tellement peur que je ne risquais pas de monter dans sa voiture, il aurait pu me forcer à avoir des rapports sexuels avec lui et me tuer ou quelque chose comme ça. Dieu merci, je suis arrivée à bon port. J'étais soulagée car je n'avais jamais vécu cela de ma vie. J'ai fini par passer une nuit à l'appartement de Mayia et j'étais très bien.

Dans une autre école, je me suis battue avec une fille dans le couloir. Elle était connue pour traiter les gens de manière indigne et pour se battre aussi, et même si elle était dans une classe supérieure à la mienne, je m'en fichais. Je n'avais pas peur d'elle ou de qui que ce soit d'autre. De plus, c'est elle qui a commencé par me frôler sans dire "c'est ma faute" ou "excuse-moi" ; c'est ce qui m'a vraiment mise en colère. Dans le couloir, j'ai dit : "Quoi de neuf, cousine ?". Je lui ai donné autant de coups que possible avant que l'agent de sécurité ne nous sépare et j'ai gagné directement près des casiers. Après la bagarre, on nous a convoqués au bureau et on nous a collé un rapport. J'ai trouvé ça plutôt étrange parce qu'après l'école, ils ont fait partir tout le monde au plus vite. Ceux qui étaient censés prendre leur bus l'ont fait et les gardes de sécurité m'ont escorté dans mon bus tout seul, sans personne à l'extérieur, sauf les autorités. Peut-être que la fille que j'avais battue avait dit à ses amies de me sauter dessus et que le bruit s'était répandu avant que je ne l'entende. Mais je n'ai jamais été agressé, pas même quand je suis revenu à l'école après ma suspension.

Une autre fois, en classe, j'ai eu un différend avec cette fille et nous nous sommes battues ; j'ai fini par la frapper. Elle était vraiment forte aussi, mais ma mère nous a toujours dit de ne pas reculer devant les grands mots, plus ils sont gros, plus ils tomberont durs. D'une manière ou d'une autre, tout au long de ma vie, les gens qui me dérangeaient ou qui ne m'aimaient pas étaient les premiers que je finissais toujours par frapper. Je n'étais pas du genre à chercher la bagarre avec les gens juste parce que je n'étais pas un voyou et que j'avais acquis une mauvaise réputation.

Une fois, je me suis battue avec un garçon qui m'aimait bien. Il a fait quelque chose qui m'a énervé, alors on s'est battus, et j'ai fini par lui casser une dent au collège. Je ne pouvais pas me contenir, j'étais indomptable. Je suis restée dans le bureau du principal et je me suis faite suspendre.

JE ME SUIS ÉVADÉ DE PRISON

CHAPITRE
CINQ

NÉE POUR BRILLER

Lors de mes suspensions, je traînais dans la maison où nous étions tous hébergés en compagnie du petit ami de ma mère et sa mère jusqu'à ce que la suspension soit terminée. Je devais toujours me battre avec différentes personnes parce que j'en avais marre que les gens m'embêtent. Je devais gérer les miens ; "toute ma vie, j'ai dû me battre" (LOL). Je ne travaillais pas bien à l'école, mes notes étaient mauvaises et je pleurais à l'intérieur. Je devenais vraiment mauvaise et j'étais loin d'être la bonne fille car j'avais l'impression que personne ne m'aimait. Je n'avais pas non plus d'amour pour qui que ce soit à cause de la façon dont les gens me traitaient. Je ne savais pas comment donner de l'amour. J'aimais mon père parce qu'il m'a toujours bien traitée en vieillissant, il n'était pas méchant avec moi, il ne nous battait pas pour des choses stupides et il n'avait pas de préférence non plus, il nous aimait tous les trois de la même façon. Il a montré de l'intérêt et de l'amour et nous a appris le respect. Et il m'a manqué.

À la fin, ils ont fini par me mettre dans une remorque toute la journée pour l'école pour les mauvais élèves, appelée l'école alternative. Ici, on devait rester dans la même classe toute la journée. Après toutes ces bagarres, ces échecs scolaires et mon manque d'intérêt pour les devoirs, on m'envoyait toujours au bureau. Ils appelaient ma mère et me suspendaient. On m'envoyait au bureau du doyen et elle me parlait, essayait de me tendre la main et de me montrer de l'amour et du soutien. Elle m'aimait bien et pensait que j'étais une jolie jeune fille qui avait encore un bel avenir. Elle voyait que je n'avais pas été éduquée de la bonne façon et que j'avais juste besoin d'un peu d'aide pour me comporter comme une jeune fille. Elle disait des choses comme qu'elle voulait m'adopter, et je voyais le regard sur son visage et je ressentais ses mots. Cela me faisait du bien de savoir que quelqu'un se souciait de moi, cela me donnait un peu d'espoir qu'il soit possible, un jour, d'être meilleure. Elle m'aimait toujours et se souciait de moi en tant que personne après tous mes méfaits. Mais rien n'est vraiment demeuré en moi. Sa gentillesse n'était pas toujours une réalité pour moi. J'arrivais en retard aux cours, je séchais les cours, je sortais et je volais dans les magasins avec un ami, et ma mère en avait assez de me voir comme l'enfant à problèmes tout le temps. Et je devais rester à la maison à attendre que ma soeur sorte de l'école pour qu'on puisse jouer et trouver quelque chose à faire. Je tapais toujours sur les nerfs de ma mère à cause de ma révolte et de mes comportements déplaisants. Ils appelaient aussi ma soeur Kena au bureau. Elle se battait et frappait les gens qui lui cherchaient des ennuis, elle aussi. Par conséquent, les gens commençaient à nous traiter de boxeuses, mais j'étais la plus impliquée dans les problèmes.

Ce que je ne savais pas, c'est que j'étais en fait celle pour laquelle mes parents avaient délibérément prié trois ans après avoir eu mon grand frère. Leurs prières ont été exaucées, et Dieu m'a fait naître, puis deux autres filles après moi. La vérité est que, pendant cette période, j'étais une menace pour la société, et j'avais l'impression que personne ne pouvait me redresser ou me dire quoi faire. Et ces moments, où j'avais l'habitude de me mettre à genoux pour prier, quand j'étais petite fille, ont été jetés par la fenêtre. Je n'étais pas allée à l'église depuis si longtemps que j'avais l'impression d'être allée trop loin. Je n'avais plus aucun contrôle sur moi-même. C'était comme si le diable me tenait et chaque fois que je me retournais, l'enfer surgissait.

CHAPITRE
SIX

EXPULSER

Dans la même école, un jour, j'étais en cours de mathématiques et notre cours était en ligne en attendant que la cloche sonne. L'autre groupe était en file juste devant nous et attendait que nous sortions pour pouvoir entrer. Une fois que la cloche a finalement retenti, la fille qui était la première dans le rang pour m'embêter était en train de me fixer méchamment [en me regardant de haut en bas de manière grossière]. Pour moi, cela m'a amené à conclure qu'elle me cherchait délibérément. Elle était une " Délinquante de Quartier ", avait beaucoup d'amis et était bien connue dans l'école. Je m'en fichais, j'étais une " Hoover Crip " et j'étais connue pour m'occuper des miens. Pour finir, elle a bougé un peu pour que ma classe puisse sortir, et elle a dit quelque chose et s'est frottée contre moi. C'était parti et ça a explosé ! On a commencé à se battre juste là dans le couloir. Je l'ai écrasée sur le sol dur, j'ai sauté sur elle et j'ai commencé à la malmener, à la boxer. Je l'ai mordue, puis je me suis dépêché de retirer mon cadenas et j'ai commencé à la frapper avec. Elle était vraiment en sang (j'ai battu ce que vous savez). Quand je l'ai revue par la suite, je n'ai pas pu oublier l'expression de son visage, car elle pensait manifestement pouvoir m'avoir, mais elle a échoué lamentablement. Elle a tiré l'une des meilleures leçons de cette année-là : " ne jamais juger un livre à sa couverture " LOL. Si les agents de sécurité ne m'avaient pas éloigné d'elle, je l'aurais tuée. Elle a dû se faire soigner et est allée à l'hôpital ; j'en avais assez que les gens me dérangent. Je ne suis pas un tueur mais ne me poussez pas à bout. LOL C'est la dernière bagarre que j'ai eue à l'école, car après celle-ci, j'ai été renvoyé pour le reste de l'année scolaire parce que je m'étais trop battue. En raison de la gravité de cette bagarre exceptionnelle, ils ne voulaient pas être importunés par moi l'année qui suivait.

CHAPITRE
SEPT

NAIVE

Je me souviens être retourné au centre de détention pour mineurs pour avoir été pris en train de voler dans un magasin. Ils m'ont gardé beaucoup plus longtemps cette fois-ci parce qu'ils voulaient donner à ma mère le temps d'obtenir son propre appartement avec nos propres chambres. Après qu'elle l'ait fait, je suis allé au tribunal et le juge m'a remis sous sa garde. Je savais que je vivais mal et je réfléchissais à ce que je faisais, mais je sentais que je n'avais aucun contrôle sur moi-même. Ce n'était pas grave pour moi ; j'avais prise l'habitude de vivre de cette façon.

Un jour, nous avons déménagé dans un nouveau quartier où un type qui m'aimait bien habitait juste en bas de la rue. Il avait dix ans de plus que moi et lui et son pote avaient l'habitude de faire monter ma sœur, mon cousin et moi-même à l'arrière de la voiture. Il avait l'habitude de toucher mes jambes en cachette, mais il était vraiment gentil avec moi. Je sentais qu'il devait vraiment m'aimer parce qu'il nous conduisait, ma sœur et moi, là où je voulais aller. Je l'ai même fait conduire au travail de mon ancien petit ami pour que je puisse le voir.

Il nous achetait quelque chose à manger quand nous avions faim, nous emmenait au cinéma et allait là où je disais que je voulais aller. Si je disais "tourne ici", il le faisait, si je disais "allons par là", il le faisait. J'étais si naïve. Vulnérable. Je ne le savais pas encore, mais je cherchais l'amour et l'attention aux mauvais endroits. Il me persuadait de faire l'amour avec lui de temps en temps et je le faisais. Il continuait à m'aimer et je ne voulais pas qu'il pense que j'étais tout le contraire ou que j'étais coincée. Il m'a demandé de ne rien dire à ma mère ni à personne, parce qu'il pourrait avoir des problèmes avec la loi pour détournement de mineur. Et j'ai écouté. Je ne l'ai dit à personne ; c'était notre petit secret. Le genre de situation du genre "ne dis rien à personne, personne n'a besoin de savoir".

Un jour, lui, ses potes et son frère traînaient ensemble et j'étais avec eux. Il voulait apprendre à me connaître un peu mieux et ça ne me dérangeait pas. Il commençait à devenir mon idole. Je l'admirais tellement. Ils étaient dealers et fumaient de la drogue. Ils avaient souvent de l'alcool et de la drogue sur eux, alors j'allais certainement me bourrer la gueule. Pour moi, c'était prendre soin de moi, mais je me rends compte qu'on a profité de moi. Au fil du temps, il ne m'a pas laissée sortir avec quelqu'un d'autre. Pendant tout ce temps, il était jaloux mais ne l'exprimait pas vraiment, car il commençait vraiment à tomber amoureux de moi et moi aussi. Il était différent des autres, il avait un travail, il n'était pas agressif, il était gentil, attentionné, il m'emmenait souvent au cinéma et dépensait de l'argent pour moi ; rien à voir avec les autres. Tout cela se passait si vite que je l'appelais, et on se retrouvait après qu'il ait quitté le travail. J'ai fini par tomber enceinte et par attraper trois MST à cette époque. J'étais aussi en probation à cause de mon mauvais comportement.

Un jour, ma mère et moi devions nous présenter au bureau de mon agent de probation (P.O.) au centre de détention pour mineurs et mon P.O. a reproché à ma mère de ne pas prendre soin de moi.

CHAPITRE
HUIT

NON PRÉVUE

J'ai été placée sous la garde de l'État et inscrite sur la liste des personnes devant vivre dans le foyer pour filles de Tulsa, où mon officier de probation m'a transférée. Il y avait environ huit ou neuf autres mauvaises filles au comportement répréhensible qui vivaient là. Nous devions toutes faire une rotation des tâches et devions nettoyer partout très bien. Nous devions faire nos lits, comme des militaires, nettoyer à tour de rôle les salles de bains, la cuisine, le salon et tout le reste. Il y avait toujours un membre du personnel de service, mais parfois, on se disputait entre nous et on ne se parlait pas pendant un certain temps à cause des mauvaises langues. Il y avait généralement quelqu'un qui mentait dans votre dos à propos de quelque chose de banal, mais tout le monde devait s'entendre. Ils ne toléraient pas les bagarres ou les mauvais comportements. Ils avaient tellement de règles à respecter, mais tout le monde s'en sortait. Ils nous emmenaient tous faire des sorties amusantes tout le temps. Nous montions tous dans la grande camionnette de l'État pour aller faire les courses, nager, et nous faisions tout le temps des pique-niques.

Je détestais aller à ces pique-niques au parc Owen, mais je n'avais pas le choix ; il fallait participer et aller avec tout le monde. Nous devions nettoyer à fond toute la maison à deux étages et être prêts pour une inspection complète. Je détestais ces inspections. Tout devait être parfaitement nettoyé, sinon on échouait et on se faisait engueuler. Notre conseiller, M. Ryder, avait l'habitude de nous parler pendant ce qui semblait être des heures à propos de nos comportements. Une fois, une bande de filles avait attaqué mon amie à l'école et lorsqu'elle est arrivée à la maison en mauvais état, nous l'avons toutes emmenée à l'hôpital. On s'est bien occupé d'elle et elle a progressivement guéri, mais j'étais tellement en colère que j'ai voulu aller à son école et me venger. J'aimais mon amie et elle m'aimait.

Je suis allée dans un centre d'aide psychologique dénommé Shadow Mountain et le psychiatre m'a mise sous antidépresseurs pour m'aider mentalement. Ma mère, la sœur de mon grand-père et moi-même avions des maladies mentales, mais mon grand-père avait du caractère. La sœur de mon grand-père avait l'habitude de marcher sur des punaises avec ses pieds nus et de se tenir au-dessus des gens pendant qu'ils dormaient, pour les observer. Ma famille avait l'habitude de nous raconter des histoires sur différentes personnes et leurs problèmes lorsqu'ils provenaient de la lignée familiale. Pas étonnant que j'aie eu besoin d'aide et que je sois passé pour un fou. Il y a un dicton qui dit que "la pomme ne tombe jamais loin de l'arbre" LOL. Souvent, j'avais l'impression que le médicament ne descendait pas facilement et que je finissais par le vomir dans les toilettes.

JE ME SUIS ÉVADÉ DE PRISON

CHAPITRE
NEUF

MANQUE A L'APPEL

Une fois, mon amie et moi avons mis au point un plan et sommes sortis en douce tard dans la nuit pour aller s'amuser. Pendant que tout le monde dormait, nous avons sauté de notre fenêtre à deux étages et sommes allés chez ces garçons. Je m'étais saoulé et j'étais resté absente pendant quelques jours. La police nous recherchait et j'ai eu la chance de voir mon petit ami pendant un moment avant de me faire prendre. Quand je suis revenue, j'ai perdu tous mes privilèges. On m'a assignée à résidence et j'ai dû me promener en permanence avec mon pyjama et mes chaussures de ville pendant un certain temps pour m'assurer que je ne partirais plus.

J'ai recommencé à respecter les règles et à faire ce qu'on me disait, mais un jour, une autre fille et moi avons décidé de nous éclipser et de partir sans permission. C'est reparti. Nous nous sommes séparées et elle est allée quelque part, mais je ne pense pas qu'elle soit revenue. Je me suis retrouvé avec son ami et il m'a fait me défoncer à l' "EAU PCP ". Je ne savais pas ce que c'était quand il me l'a passée, j'ai essayé et je me suis défoncé jusqu'à atteindre mon paroxysme. Il m'a ensuite conduite dans un hôtel pour coucher avec moi, mais dès que j'ai ouvert la portière de sa voiture, j'ai vomi. C'était dégoûtant. Il a quand même payé la chambre, mais nous n'avons rien fait, je ne voulais pas. Alors, on s'est reposés un peu pour faire passer les drogues et il m'a déposée. D'une manière ou d'une autre, je me suis rendu et tous mes privilèges m'ont été retirés à nouveau. Maintenant, je suis retournée suivre les règles.

Ils ont fixé à toutes les filles un rendez-vous avec le médecin pour un contrôle de routine. Quand mon tour arrive, le médecin me demande quand j'ai eu mes dernières règles et si j'en ai eu ce mois-ci ; je lui ai dit que non.

CHAPITRE
DIX

GROSSESSE

J'ai fait un test d'urine et j'ai découvert que j'étais enceinte de 7 semaines. Ils m'ont envoyé dans un centre de correction, un lieu de punition pour mes deux désertions précédentes de l'établissement. J'y suis restée environ une semaine ; j'ai fait tous ces exercices toute la journée, j'ai fait du jogging autour du centre, j'ai pris des douches de 3 minutes, c'était misérable. J'étais si heureuse de voir mon agent de probation. Quand elle est revenue me chercher pour me ramener au foyer pour filles de Tulsa, le bureau des sanctions a fait un bon rapport sur moi parce que je suivais les règles et que je faisais bien les exercices. Ils m'ont ensuite placée dans une mauvaise école de rue appelée Pershing. J'y suis allée pendant un certain temps, mais j'avais pour objectif de changer et de devenir une meilleure personne pour moi-même et pour obtenir mes laissez-passer. Je me suis dite que je pouvais être bonne et gagner des permissions de sortie le week-end et aller voir en cachette mon petit ami chez un parent parce qu'il voulait que ce soit son bébé.

Un jour, ils ont transféré mon dossier et m'ont inscrite à Margaret Hudson, une très bonne école pour les jeunes filles enceintes. J'avais hâte de quitter le foyer du Tulsa Girls Group et de prendre le bus de la ville pour me rendre à ma nouvelle école ; ils m'ont payé des abonnements de bus. J'appelais mon petit ami sur la cabine téléphonique chaque matin pour discuter avec lui. J'avais l'impression de ne pas pouvoir attendre de rentrer à la maison pour me faire un sandwich au beurre de cacahuète et à la gelée, à cause des fringales.

Ils nous obligeaient toutes à aller à l'église le dimanche, qui se trouvait à une rue de l'établissement. Un jour, ils nous ont emmenées au parc d'attractions Bell pour faire des tours de manège, manger de la bonne nourriture et s'amuser. Nous allions monter sur un certain manège qui avait l'air amusant, mais nous avons fait marche arrière et avons changé d'avis. Plus tard ce soir-là, nous étions à la maison, dans le salon, et nous regardions les infos qui révélaient que des enfants étaient morts sur ce même manège que nous allions presque monter.

Une autre fois, ils m'ont emmenée faire des courses avec le chèque de l'État pour acheter des vêtements de maternité, des chaussures et un maillot de bain ; mon ventre commençait à grossir. Nous avions prévu d'aller au Big Splash. Quand nous y sommes arrivés, nous étions dans la partie des vagues mais je ne savais pas vraiment nager. Je devais rester derrière la ligne parce que les vagues étaient trop lourdes pour moi ; elles étaient si fortes que j'ai failli mourir, mais un sauveteur me surveillait et a fini par me sauver la vie ainsi que mon futur enfant. J'ai été très secouée car tout est allé très vite.

J'avais hâte d'être en fin de semaine pour pouvoir obtenir un laissez-passer et que ma tante Sandra vienne me chercher pour que je puisse rencontrer mon petit ami. Je pensais toujours à lui. Je sentais qu'il se souciait de moi et qu'il serait là pour le bébé si c'était le sien. Parfois, je n'avais pas de permission pour le week-end parce que ma mère ne venait jamais. Je me souviens d'une fois où j'ai eu une permission de sortie et ma tante est venue me chercher pour que je passe le week-end avec elle, elle nous a emmenées au cinéma et je suis sortie en douce pour rencontrer mon petit ami. Je n'arrêtais pas de penser à lui. Au fil des mois, j'ai grandi et je me souviens que mon bébé a bougé dans mon ventre. J'étais tellement excitée qu'ils se sont assurés de m'emmener à tous les rendez-vous chez le médecin et de me faire prendre mes pilules prénatales. J'adorais prendre mon petit-déjeuner, mon déjeuner et mon dîner. Parfois, lorsque tout le monde était censé être réveillé, je m'endormais en cachette avant que le personnel de service ne m'attrape et me réveille. Je me mettais en colère parce que je voulais vraiment dormir et ne rien avoir à faire.

GROSSESSE

JE ME SUIS ÉVADÉ DE PRISON

CHAPITRE
ONZE

MON ANGE

J'aimais quand mon agent de probation venait à la maison pour vérifier si j'avais besoin de quelque chose, elle s'inquiétait toujours pour moi. J'aimais sortir avec elle dans différents endroits. Elle me coiffait et m'achetait quelque chose à porter. Nous parlions du bébé et de la vie. J'ai eu la chance qu'elle soit mon agent de probation. C'était vraiment quelqu'un de bien, une travailleuse acharnée et une mère formidable. Elle prenait soin de tous ceux qui entraient dans sa vie. J'ai apprécié le temps que j'ai passé avec elle. Elle m'a fait comprendre que même si j'avais eu une éducation difficile, que j'avais eu des problèmes et que j'étais enceinte à 15 ans, j'étais toujours importante et que je pouvais encore faire quelque chose de ma vie. Elle m'a fait sentir qu'elle pouvait m'aider et que les choses allaient s'arranger dans ma vie.

On m'a emmenée chez le médecin pour l'échographie et on a découvert que c'était un garçon et nous étions si heureuses. Ma mère a dit que c'était bien d'avoir un garçon en premier parce qu'il peut grandir en vous protégeant. Un jour, elle cherchait le prochain établissement où j'irais vivre et qui accepterait les mères adolescentes. Chaque fille de la maison a eu ce jour important où tout le personnel, les conseillers, l'administration en charge, l'officier de probation et les parents ou le tuteur étaient censés parler de votre séjour à la maison. Ils ont demandé comment se passait l'école, à quel point j'avais changé, comment je m'étais développée, et comment je m'entendais avec le personnel et les autres filles.

Le jour est venu où nous étions censés avoir la grande réunion importante pour parler de la date de ma sortie et de l'endroit où je devais vivre ensuite. Ils ont essayé de contacter ma mère pour qu'elle vienne avec nous à cette grande réunion importante, mais elle n'est jamais venue. Ils ont continué à l'appeler et à faire tout ce qu'ils pouvaient, mais sans succès. Ma mère ne s'est jamais présentée à la réunion, et je n'ai donc pas pu retourner dans ma famille.

CHAPITRE
DOUZE

ABANDON

Je me suis sentie blessée à nouveau et délaissée. Je voulais juste retourner avec ma mère, mon frère aîné et mes deux sœurs. Ils ont fini par élaborer un plan, qui consistait à me placer dans une famille d'accueil thérapeutique et, lorsque j'aurais mon bébé, à le donner en adoption. Je ne voulais vraiment pas donner mon enfant à l'adoption une fois que je l'aurais mis au monde.

Cela ne me plaisait pas, ni à mon agent de probation, Gwyn, qui était mon ange. Elle cherchait et appelait différents endroits où m'envoyer, car ma mère ne s'en souciait pas et les gens du foyer pour filles de Tulsa ne s'en souciaient pas. Alors, un jour, à l'approche de ma sortie, elle a déniché un meilleur établissement pour que je puisse y vivre après avoir accouché, la Madonna House.

Mon agent de probation l'a signalé aux gens du foyer pour jeunes filles et j'ai été soulagée et reconnaissante de pouvoir aller y vivre. Dès que la date de ma libération est arrivée, je suis allée au tribunal et mon officier de probation a dit au juge que je respectais toutes les règles. Je suis allée à toutes mes réunions de conseil avec mon psychiatre, à mes réunions des AA et des NA, à tous mes rendez-vous chez le médecin, je m'entendais bien avec les autres filles, j'allais à l'église, je n'avais pas encore déserté et je progressais à l'école. Elle a dit beaucoup de bien de moi et le juge m'a libérée de la garde de l'État. Mon officier de probation m'a transférée à la Madonna House, et j'y ai vécu. Il y avait des règles et des règlements, mais contrairement à l'autre établissement, toutes les femmes avaient leur propre chambre. J'étais heureuse d'avoir ma propre clé pour ma propre porte.

Toutes les filles avaient des corvées, certaines travaillaient, et certaines d'entre nous allaient à l'école. Nous avions toutes des permissions pour le week-end et devions suivre différents cours. Je me souviens d'un cours en particulier, un cours de réanimation cardio-pulmonaire. J'étais tellement excitée quand j'ai réussi et que j'ai été certifiée. Ainsi, si l'une de nous venait à s'étouffer, je pourrais aider à sauver une vie.

Il y avait un téléphone public en bas et celui qui répondait au téléphone, que l'appel soit pour lui ou pour quelqu'un d'autre, faisait signe à la personne qu'on appelait. J'ai reçu de nombreux appels de mon petit ami. On se disait que si c'était son bébé, il serait là pour m'aider avec son fils pour tout ce dont j'avais besoin. Nous parlions de rester ensemble et d'arranger les choses ; je me sentais bien à ce sujet et j'espérais que c'était son bébé parce qu'il avait été là pour moi, qu'il m'aimait vraiment et qu'il me trouvait belle.

Le matin, je me levais et prenais le bus pour Margaret Hudson, l'école de la fille enceinte. Le week-end, je partais le vendredi et rentrais le dimanche soir. Parfois, ma mère et son petit ami venaient me chercher et m'emmenaient au McDonalds. J'adorais les cheeseburgers qui y étaient servis. Je rendais visite à ma famille, je passais un bon moment et je rentrais à la Madonna House. À d'autres moments, mon petit ami venait me chercher le week-end et je passais les week-ends avec lui dans son appartement dans le sud. Nous passions du bon temps et parlions beaucoup de choses.

CHAPITRE
TREIZE

ABRITÉ

Des dames sont passées à la maison pour nous offrir à toutes une fête de bébé. Tout le monde a passé un bon moment ; nous avons mangé et obtenu beaucoup de choses pour nos bébés. Nous avons souvent reçu des dons d'articles pour bébés neufs ou légèrement usés. Le personnel avait des tonnes d'articles pour bébés que les gens de la communauté donnaient. Tout ce dont les gens avaient besoin, nous l'avions toujours pour nos bébés.

Lorsque mon nom était inscrit sur le planning pour cuisiner, je refusais de le faire parce que je ne savais pas comment cuisiner pour toutes les filles de la maison. J'avais une attitude et je n'avais ni l'intérêt ni la patience pour le faire, donc ils demandaient à quelqu'un d'autre de me remplacer et de cuisiner. Je me souviens qu'ils avaient un sous-sol où nous faisions la lessive. Un jour, il y a eu un très gros orage et le personnel a dit à tout le monde de prendre leurs bébés et nous nous sommes tous cachés au sous-sol pour être en sécurité. J'ai vraiment cru que nous allions mourir. Nous nous sommes tous emmitouflés dans des couvertures et sommes restés là à attendre longtemps. Nous nous sommes réconfortés les unes les autres jusqu'à ce que le personnel nous dise que tout allait bien. Ils nous ont dit que nous avions survécu à la tempête et que nous pouvions retourner à l'étage et reprendre nos activités habituelles. Je pense encore à ce jour et à l'effet dévastateur qu'il a eu sur moi, car je pensais que j'allais mourir, mais j'ai survécu.

La maison Madonna était un endroit sûr et j'étais heureuse de pouvoir y vivre ; j'ai tellement de souvenirs de ma vie là-bas. J'ai apprise à mieux connaître certaines des dames qui s'y trouvaient et j'y ai noué quelques amitiés. Je me souviens de mon rendez-vous chez le médecin qui m'a dit que la date de mon accouchement était le 27 novembre 1997. J'avais hâte de passer du temps à aimer mon bébé et à vivre à la maison. Chaque fois que je me retournais, quelqu'un donnait des affaires de bébé, alors j'étais contente d'avoir tout ce dont j'avais besoin.

Je crois que j'étais à peu près à 7 mois quand j'ai emménagé là-bas, il ne me restait donc que quelques mois pour enfin accoucher mon petit garçon. Je me souviens des moments où mon ancien officier de probation était là pour me guider, car avant de pouvoir quitter le foyer pour filles, je devais me rendre au tribunal avec mon officier de probation. Le juge m'avait libérée de la garde de l'État, mais nous étions toujours amies. Je crois qu'elle a été envoyée pour aider les personnes perdues comme moi. Je me souviens qu'elle venait à la maison pour prendre de mes nouvelles et voir si j'avais besoin de quelque chose. Elle nous emmenait chez le coiffeur et nous faisait manger quelque chose. Nous avons eu de bons moments quand j'étais au foyer pour filles. Elle m'emmenait aussi à mes rendez-vous chez le médecin. C'était bien qu'elle reste dans le coin.

Quand j'ai eu mon rendez-vous chez le médecin, il m'a dit que je devais rester pour qu'ils puissent provoquer mon accouchement, car la date prévue était dépassée. À cette époque, c'était en décembre, mais je voulais perdre les eaux naturellement. Je n'arrivais pas à comprendre pourquoi mon bébé ne sortait pas tout seul ; je veux dire que c'était clairement après la date prévue. Je commençais à penser qu'il essayait d'attendre pour pouvoir naître le jour de mon anniversaire ou quelque chose comme ça.

J'avais 15 ans. Je me sentais très irritée et je voulais simplement qu'on ne me dérange pas. Je ne voulais même pas que la télé soit allumée. Le médecin et les infirmières venaient me voir. Ils ont provoqué mon travail et j'ai eu l'impression que ça prenait une éternité pour que je me dilate. Je ne pouvais pas manger, et ma bouche était sèche, alors ils m'ont permis de manger de la glace. J'avais tellement mal, j'avais l'impression d'avoir des crampes de menstruation.

CHAPITRE
QUATORZE

LE PROCESSUS D'ACCOUCHEMENT

Au final, j'étais dilatée à 9 cm. J'ai continué à pousser avec mes jambes grandes ouvertes. Ils n'arrêtaient pas de me dire de continuer à pousser, de respirer, de continuer à pousser et cela m'a semblé très long parce que j'étais restée là toute la journée. Puis finalement, j'ai continué à pousser et il est né tard dans la nuit du 5 décembre 1997. Il est sorti calmement, mais ils l'ont tapoté et il a commencé à pleurer. Ma mère se vante encore aujourd'hui du fait qu'elle s'est précipitée pour le toucher en premier avant moi, Lol. Mon petit ami n'est pas venu parce qu'il avait 10 ans de plus que moi et qu'il ne voulait pas s'attirer des ennuis. De plus, nous n'étions pas vraiment sûrs qu'il était le père.

À l'hôpital, je me souviens qu'ils m'ont dit que je ne pouvais pas quitter l'hôpital sans un siège auto pour nouveau-né. Gwyn Chaney, mon ancien agent de probation, m'a donc procuré le siège auto pour bébé et m'a ramenée à la Madonna House. Je me souviens avoir prise une douche et m'être sentie soulagée du poids que j'avais pris. Avant d'être enceinte, je pesais 45 kg. Pendant longtemps, j'avais énormément pris de poids. À l'époque, j'avais l'impression de peser une trentaine de kilos en plus, et cela m'a fait du bien de me promener sans tout ce poids.

La toute nouvelle vie de maman à 15 ans, la vie à la Madonna House, tout en prenant soin de mon bébé et en regardant les autres mamans prendre soin de leurs bébés, tout cela a été un processus que j'ai apprise quotidiennement d'elles. J'ai commencé par allaiter, mais je me suis aperçue que j'avais dû faire quelque chose de mal, car mon sein est devenu très dur pendant que je rendais visite à mes grands-parents.

J'ai pleuré parce que l'intensité de la douleur me rendait folle. Ma grand-mère m'a donné une serviette chaude à mettre sur mes seins pour qu'ils redeviennent mous. J'étais si heureuse d'être soulagée de cette douleur. Je me suis bien occupée de lui en le nourrissant, en changeant ses couches, en le baignant, en l'habillant, en lui parlant, en faisant tout ce qu'une maman est censée faire. Quand il s'endormait, je veillais sur lui et je le voyais sourire dans son sommeil. C'était si mignon, comme si les anges le faisaient sourire ainsi pour qu'il ne se réveille pas.

Parfois, je m'ennuyais tellement à rester assise dans la chambre pendant un long moment que je voulais jouer avec lui. Normalement, les mères ne font pas ça, mais je l'ai fait quand même et je l'ai réveillé. Il me manquait pendant qu'il dormait. J'ai passé tant de moments précieux avec lui. J'avais déjà fait un test sanguin pour voir si ce type était le papa et quand les résultats sont tombés, il ne l'était pas. Ce n'était pas grave car il n'avait pas besoin d'être son père de toute façon, il était fou et ne ressemblait en rien à mon petit ami.

J'ai continué à aller à l'école Margaret Hudson et j'allais voir mon bébé dans sa classe. C'était une expérience en même temps que de regarder d'autres mamans jouer et créer des liens avec leurs bébés aussi et les nourrir entre les cours. Gwyn passait toujours pour voir si tout allait bien. Un jour, elle m'a emmenée remplir un formulaire de demande pour un appartement à Tulsa. Lorsque ma demande a été approuvée, j'étais ravie de pouvoir avoir mon propre logement pour une fois. Elle m'a également aidé à obtenir des bons d'alimentation de l'aide gouvernementale et un chèque pour payer les factures. Elle s'est arrangée pour que j'obtienne de l'aide pour les meubles, le micro-ondes, la vaisselle, un lit pour dormir, des rideaux, des vêtements, des vêtements pour bébé, des tapis, des couvertures, des canapés, des tables et tout ce dont nous avions besoin pour vivre et être à l'aise.

CHAPITRE
QUINZE

FROMAGE DU GOUVERNEMENT

Je m'amusais et je faisais la fête dans mon nouvel appartement. Je laissais mon petit ami passer des nuits, ma sœur et mon frère emménageaient et mes deux meilleurs amis étaient là tout le temps ; il se passait tellement de choses. J'avais même d'autres petits amis qui venaient passer des nuits chez moi et leurs potes parlaient avec ma sœur et mes meilleurs amis. Nous croyions nous être tellement amusés dans mon premier appartement. Je n'avais plus envie de me lever le matin pour aller à l'école, à cause des fêtes tardives et de l'alcool. J'ai aussi recommencé à fumer des cigares Black & Mild. Les conseillers de l'école m'appelaient et je leur parlais et restais en contact avec eux pour leur dire combien de jours je manquais. Ils m'encourageaient à revenir, mais j'avais complètement abandonné, j'avais perdu tout intérêt.

J'avais l'impression que c'était tellement difficile pour moi de tout gérer et je n'avais aucune motivation avec toutes les personnes que je fréquentais ; c'était tous des gangsters. J'ai essayé de m'imposer, mais je n'avais pas vraiment le contrôle. La façon dont je vivais, c'était trop dur à supporter. Je n'ai reçu aucun encouragement de la part de mes amis ou de ma famille, alors tout s'est écroulé pour moi, y compris le retour à l'école.

La personne la plus importante était mon petit ami. Il était surtout là tout le temps pour passer les nuits. J'avais maintenant 16 ans et je vivais une vie d'adulte - mon propre appartement, j'avais un bébé, un petit ami, et j'avais des copains autour de moi. J'appelais mon oncle Skeeta parce qu'il venait me chercher pour m'emmener au magasin et payer mes factures. Il m'aidait toujours quand il le pouvait après son travail. Ma sœur et moi nous faisions emmener par un ami de la famille pour aller à Walmart qui se trouvait à quelques kilomètres de là. Nous allions voler dans le magasin pour trouver d'autres articles pour bébés dont j'avais besoin, comme des pampers, du lait, des jouets, des lingettes et même des articles pour nous aussi.

Je ne sais pas combien de fois on s'est fait conduire à Walmart pour voler. J'ai recommencé à voler dans les magasins, mais il semble que je me sois amélioré parce que je ne me suis pas fait prendre. Alors, on revenait et on regardait toute la marchandise qu'on avait volée.

Je me souviens d'un incident où nous avons rencontré un autre gars qui était vraiment beau, son nom était Chumpy et nous sommes allés voler des vêtements Tommy Hilfiger. On attendait avec impatience qu'il vienne nous chercher pour qu'on puisse se détendre un peu avec lui, se saouler un peu et sortir en boîte. On était mignonnes mais toujours aussi gangsta. Il n'arrêtait pas de me dire qu'il ne pouvait pas nous emmener, qu'il devait aller faire quelque chose.

On n'arrêtait pas de le supplier de nous laisser venir avec lui et d'aller nous éclater en boîte dans le sud, et il nous disait que ce ne serait pas pour la prochaine fois. Alors, il est parti et le lendemain, il a été tué par balle.

Nous étions si tristes. Si nous étions partis avec lui cette nuit-là, les types qui l'ont tué auraient pu nous tuer dans la voiture avec lui.

Nous ne le connaissions pas du tout depuis longtemps, mais nous étions de tout cœur avec lui. On venait juste de le rencontrer et de le regarder.

FROMAGE DU GOUVERNEMENT

JE ME SUIS ÉVADÉ DE PRISON

CHAPITRE
SEIZE

CHAOS

Un après-midi, je me suis disputée avec mon petit ami et il regardait à travers mes rideaux pour m'espionner. Il n'arrêtait pas de m'appeler pour que je vienne passer la nuit, mais j'avais trop peur de me racheter et de le laisser rentrer. Il était plus âgé que moi et je ne savais pas ce qu'il allait me faire. Mon grand frère Ray Ray me protégeait, mais après un certain temps, je me suis réconciliée avec lui et il a recommencé à passer la nuit.

Ma soeur vivait avec moi et mes deux meilleures amies, Siobhan et Tenara, paraissaient vivre avec moi aussi. Elles étaient toujours là et ne voulaient pas rentrer à la maison à moins que leurs parents ne les y obligent, mais ça ne me dérangeait pas parce que nous étions des copines et qu'elles aimaient faire la fête avec les gars là-bas. C'était la même chose, encore et encore ; des fêtes amusantes, des gars qui venaient et qui se saoulaient et se défonçaient.

La gérance de l'appartement faisait de temps en temps des inspections. À mon tour, ils ont trouvé un joint dans le cendrier et m'ont interrogé à ce sujet. J'ai dit qu'il ne m'appartenait pas. Je ne fumais pas d'herbe, je ne fumais que des cigares noirs et doux, mais c'était de ma faute car l'appartement était à mon nom. Je suis quasiment sûr qu'il appartenait à ma mère ou à mon frère.

CHAPITRE
DIX-SEPT

EVINCÉ

J'ai fini par être expulsé et j'avais un certain temps pour déménager. Je leur ai demandé à tous les deux, ma mère et mon frère, qui avait fait ça, mais ils ont tous les deux nié. Il n'y avait absolument rien que je puisse faire. Je ne savais pas où mon enfant, ma sœur et mon frère allaient vivre. J'étais tellement en colère. Je l'ai dit à mon petit ami et, à l'époque, je pense qu'il vivait encore avec sa mère et il ne pouvait pas faire grand-chose non plus. Cet autre type qui vivait dans mes appartements venait me voir et me parlait. Je lui ai dit que j'avais été expulsée et il a dit que nous pouvions vivre avec lui. Quand j'en ai parlé à mon petit ami actuel, il m'a dit à l'oreille de ne pas le faire. Si je le faisais, je ne vivrais pas chez lui gratuitement ; il me ferait l'amour tout le temps. Honnêtement, je ne le savais pas avant qu'il ne me le dise. Je pensais qu'il essayait juste de faire attention à moi. Je n'avais que 16 ans. Je ne voulais pas vivre avec ce type plus âgé que je ne connaissais même pas et renoncer au sexe juste pour vivre avec lui. J'ai fini par devoir déménager et trouver un autre endroit pour m'occuper de mon bébé. C'était avec mon amie Michelle qui avait le même âge que moi. Nous sommes allées au Margaret Hudson ensemble. Mon fils avait juste 5 jours de plus que sa fille. Mon petit ami a aidé à nous déplacer. Elle vivait à Comanche, alors c'est là que nous avons vécu pendant un moment.

Je me souviens qu'un jour, on s'était habillés, on s'était fait beau et on se promenait dans les appartements, et un type nous a pris pour aller traîner avec lui dans son appartement. Il était sous l'emprise de quelque chose de très fort et se comportait de façon très bizarre : alcool fort, marijuana, PCP ou autre, nous ne savions pas. D'une manière ou d'une autre, nous avons réalisé qu'il essayait de nous retenir en captivité. Il essayait de nous tuer. Nous pleurions, nous nous débattions, et nous essayions de nous enfuir de son appartement. Il a failli attraper mon amie, mais nous nous sommes libérées. Nous avons couru hors de son appartement et nous nous sommes cachées. Nous étions si terrifiées à l'idée de vivre cette situation difficile. Nous avons pu appeler la police, et ils ont fait des recherches pour le retrouver. Nous étions si heureuses de nous éloigner de ce fou !

Michelle m'a dit que son amie avait un appartement dans l'ouest et qu'il vivait seul, alors j'ai demandé si je pouvais vivre avec lui. Il était cool et a dit oui. Alors, ma soeur et mon frère ont emménagé aussi. Il dormait et partait toute la journée. Il s'en fichait. Il était vraiment gentil et nous a permis de rester sans conditions. Plusieurs fois, il ne rentrait pas à la maison. Et puis ces mêmes types qui venaient chez moi pour se saouler et se défoncer tout le temps, traînaient là aussi.

Un des gars venait tous les jours avec son frère, son cousin et ses potes. Et puis, tout a recommencé, sauf que ce n'était pas vraiment mon appartement. Et en plus de ça, moi et le gars qui amenait ses amis et sa famille avions commencé à coucher ensemble tout le temps. C'était mon nouveau petit ami et je l'aimais vraiment bien. Je suis sûre qu'il avait une autre petite amie aussi parce que tout le monde l'aimait bien. C'était un homme à femmes, drôle, fou, beau, intelligent, et il savait rapper. Il aimait aussi mon bébé. Toujours si gentil avec lui et il jouait souvent avec lui.

Les ennuis ont commencé quand il avait un domestique qui vivait là-bas pour m'espionner. C'est lui qui lui racontait tout ce que je faisais et je n'ai jamais su comment il le savait jusqu'à ce que je mette les choses en perspective. C'était comme si à chaque fois que je faisais un geste, que j'allais quelque part ou que je me faisais conduire, mon petit ami me disait toujours ce que j'avais fait. On a découvert que c'était son ami, qui aimait ma soeur, qui lui disait tout sur moi.

Le propriétaire de l'appartement n'était jamais vraiment là et quand il rentrait, c'était seulement pour un petit moment puis il partait. Donc, c'était vraiment comme mon appartement. Quand ces types étaient là avec nous, j'étais contente quand ils partaient. Ils étaient si nombreux et ils demandaient toujours à fumer nos cigares noirs et doux. Ma soeur et moi détestions qu'ils ne semblent jamais avoir le leur pour fumer.

Une fois, cet autre type plus âgé, qui avait l'habitude de venir dans mon précédent appartement, était venu nous chercher, moi et mon bébé, pour aller avec lui chez un de ses amis. Je ne l'aimais pas vraiment, il m'aimait beaucoup, mais il était complètement différent des autres. J'avais juste 16 ans à l'époque. J'étais jeune, naïve, je voulais de l'attention, je voulais être aimée.

JE ME SUIS ÉVADÉ DE PRISON

CHAPITRE
DIX-HUIT

RÉSULTATS DES TESTS

Il se trouve que nous avions payé le test de paternité au cabinet du médecin. Quand nous avons reçu les résultats, ils révélaient que le bébé était celui de Trayvis et nous étions tous les deux très excités. Il voulait être le père et espérait que ce ne soit pas celui d'un autre. Il a avoué plus tard qu'il voulait un fils de moi parce qu'il avait une fille qui a 10 mois de différence avec notre fils ; son autre fils est mort.

Je l'ai toujours admiré parce que personne ne me parlait vraiment comme il le faisait. Il me faisait la morale sur la vie, sur le fait de retourner à l'école et de devenir quelqu'un dans la vie. Il me disait que je ferais mieux d'arrêter de voler dans les magasins parce que ça va me retomber dessus. Il me posait toujours des questions comme : "Où est-ce que je me vois dans 10 ans ?" Il me disait que nous pourrions évoluer dans la vie ensemble ; j'écoutais toujours ces longues discussions. Je me disais toujours que ça sonnait bien, mais quand allais-je vraiment commencer tout ça ?

Alors, ça entrait par une oreille et sortait par l'autre. Je changeais de sujet avec quelque chose de superficiel et je disais "quand est-ce qu'on va au cinéma ?". On s'amusait et on passait du temps ensemble pendant ses jours de congé et chaque fois que j'avais besoin d'argent, de couches, de jouets, de lingettes, de vêtements et de n'importe quoi d'autre, il m'en apportait toujours. Ce dont mon bébé et moi avions besoin, c'était quelqu'un comme lui, pas comme les autres voyous. Quoi qu'il en soit, nous étions toujours ensemble ; il était mon petit ami. Je connaissais sa famille et il connaissait ma famille. Je ne lui ai simplement pas tout dit et je suis sûre qu'il ne m'a pas tout dit. J'ai emménagé chez mon cousin Shan et je faisais toujours les mêmes choses qu'avant ma grossesse. Il continuait à travailler et à économiser de l'argent, puis un jour il a finalement déménagé avec sa mère. Mon bébé et moi avons emménagé avec lui dans son appartement dans le sud et nous y avons vécu pendant un certain temps avec ma sœur.

Un jour, il m'a piégée. Pendant qu'il était au travail, il a envoyé son ami frapper à la porte pour voir si je voulais bien le laisser entrer. Je savais exactement qui il était car j'avais rencontré tous ses amis dans le quartier nord. Cet ami était vraiment cool, alors je suis sortie et j'ai discuté avec lui et nous avons fini par faire un tour dans le nord jusqu'à sa maison qui était à côté de celle de la mère de mon petit ami. Je ne pensais pas que nous le rencontrerions, mais avant de nous arrêter, mon petit ami était dans sa voiture et roulait vers nous. Mon petit ami se comportait gentiment comme si tout allait bien quand je suis retournée à son appartement, nous nous sommes disputés et il a fini par nous mettre à la porte. Il nous a emmenés dans un refuge pour sans-abri appelé le "Tulsa Day Center" où nous sommes restés pendant environ une semaine pour me donner une leçon. C'était une expérience horrible pour moi, mais on a fini par se remettre ensemble.

JE ME SUIS ÉVADÉ DE PRISON

CHAPITRE
DIX-NEUF

LE GHETTO

Lorsque j'avais 18 ans, vivant avec ma mère dans les appartements de Comanche, je m'étais fixé un objectif. J'ai trouvé un emploi au Church's Chicken. J'ai ouvert un compte d'épargne dans une banque et je me suis engagé à économiser jusqu'à ce que j'aie assez d'argent pour acheter une voiture. Je suis allé sur la 11ème rue et j'ai payé 700 dollars en liquide pour une belle voiture Dodge Aspen 1978 de couleur beige. Elle était équipée d'un bon moteur et d'une bonne transmission ; elle fonctionnait bien et n'a jamais eu de soucis. Elle nous a permis de nous déplacer partout jusqu'à ce qu'une nuit, je conduisais en état d'ébriété, en allant faire quelque chose que je n'avais pas à faire, et j'ai percuté l'arrière de cette camionnette. Peu de temps après que j'ai eu mon propre appartement, mon petit ami a trouvé une maison où il a fini par laisser emménager trois autres de ses copains ; il se disait célibataire. Il organisait de nombreuses fêtes et faisait venir beaucoup d'amis. Ils faisaient des barbecues, regardaient des matchs de football, jouaient au billard, faisaient des fêtes avec des tonneaux de bière, jouaient à la station de jeux, mettaient de la musique forte et tout. Il y avait aussi des filles à queue rapide qui venaient rendre visite à ses copains.

Mon petit ami buvait constamment de la bière et des alcools forts lorsqu'il était temps de faire la fête. Quoi qu'il en soit, nous nous aimions toujours, et il voulait que je tombe enceinte de sa fille, mais il a continué à essayer et ça n'est jamais arrivé.

CHAPITRE
VINGT

VIOLE

Un jour, cet homme m'a appelé à l'improviste pour savoir ce que je faisais. Il m'avait déjà emmenée en voiture, mais pendant l'appel, il se dirigeait vers mon appartement. J'ai eu l'impression qu'il m'avait piégée et qu'il était venu sans me demander mon avis. Lorsque j'ai parlé avec lui au téléphone, il n'a jamais précisé qu'il venait chez moi, alors quand il est arrivé à mon appartement et a frappé à la porte, je l'ai laissé entrer sans savoir ce qu'il avait en tête. Nous avons parlé une minute, il a voulu faire l'amour et j'ai refusé. A ce moment-là, il a profité de moi. Il m'a pris au dépourvu et m'a frappé dans le nez. Il m'a violée. Il m'a ensuite emmenée dans la salle de bains et m'a fait m'essuyer là-bas. Il a laissé 6 ou 7 dollars sur ma télé et s'est tiré. J'étais terrifiée. J'ai appelé la police, ma grand-mère et mon petit ami. La police m'a emmenée à l'hôpital pour faire un kit de viol. Ils ne l'ont pas appréhendé à l'époque mais ils l'ont fait des années plus tard. J'ai découvert qu'il avait violé d'autres femmes.

CHAPITRE
VINGT-ET-UN

VIOLENCE DOMESTIQUE

Un autre soir, j'avais invité mes meilleures amies et des gars d'à côté se sont joints à nous. Mon petit ami a quitté le travail tôt et s'est aussi pointé à la maison. Quelqu'un l'a fait entrer. Je me cachais dans le placard et quand il m'a surprise, il m'a fait un coquard. Il a ensuite pris un pied de biche et a cassé la vitre arrière de ma voiture. Après ça, j'ai porté plainte contre lui. Bien sûr, il faisait toujours péter mon téléphone et m'envoyait des messages pour me dire qu'il était désolé, et on a fini par se réconcilier. Il me donnait tout ce que je voulais et me demandait d'abandonner les poursuites. Une femme qui travaillait au poste de police savait exactement ce que je faisais pour lui. Elle avait vu beaucoup de cas différents de violence domestique et de relations que les femmes tombaient sous le charme des hommes et ne cherchaient pas à porter plainte. Notre relation malsaine s'est poursuivie pendant 10 ans, mais avec tous les problèmes de confiance, les nuits tardives d'ivresse et de défonce, nous n'avons pas pu vivre ensemble.

Un jour, ma soeur, mon ami et moi avons décidé de retourner au centre commercial pour voler d'autres vêtements. Cette fois, nous avons décidé de voler des vêtements de marque. Heureusement, nous avons fini par nous faire prendre et, comme c'était la première fois que j'avais 18 ans, j'ai été condamnée à une peine différée de deux ans. J'ai dû payer un avocat pour me défendre, mais tant que je payais la compensation et que je n'avais pas d'ennuis pendant deux ans, je m'en sortais.

J'ai déménagé dans de plus beaux appartements dans le sud. J'ai trouvé un autre emploi dans une garderie et je suis retournée à l'école. Je me concentrais sur la poursuite de mes études. J'ai arrêté d'agir comme un garçon manqué. Je n'étais pas intéressée par le bizutage. Je voulais m'habiller correctement, porter des robes et me comporter mieux parce que toute ma vie, les gens m'ont dit que j'étais belle ou jolie.

CHAPITRE
VINGT-DEUX

SANS PHASE

J'avais récemment obtenu une autre voiture et un soir, nous sommes tous sortis ; nous étions ma sœur, mon cousin Jimmy et un autre ami masculin. Je nous conduisais et nous nous sommes arrêtés dans une épicerie qui s'appelait Buy for Less. Essayant d'être audacieux, j'ai attrapé quelques bouteilles de vin Boone's, et nous sommes sortis du magasin sans les payer. Nous sommes rapidement montés dans la voiture et je brûlais du caoutchouc. Le manager est sorti en courant et j'ai accidentellement heurté sa jambe avec ma voiture. Il s'est précipité, a relevé le numéro de ma plaque d'immatriculation et m'a dénoncé. J'ai appelé mon avocat pour parler des modalités de paiement de ma peine différée de deux ans et de ma date d'audience, il m'a dit qu'il voyait que je venais d'avoir une autre affaire judiciaire. J'étais tellement confuse et en colère, je ne comprenais pas comment il savait cela. J'ai mis deux et deux ensemble pour découvrir que l'homme du magasin avait obtenu mon numéro de plaque d'immatriculation grâce aux caméras.

CHAPITRE
VINGT-TROIS

JE NE SUIS PAS SEULE

Je suis retourné à Walmart pour voler. J'ai fait des courses d'essence à QuikTrip et des courses de bière et je ne me suis jamais fait prendre. Je me suis à nouveau battu avec le père de mon bébé ; il m'a infligé un autre coquard. La police l'a arrêté, et il est allé en prison pendant environ deux mois, alors les choses sont devenues hors de contrôle. Il ne s'agissait que de moi. Je n'en avais plus rien à faire, et j'avais l'impression que personne ne se souciait vraiment de moi. Je me sentais seule, déprimée, et mon père me manquait vraiment beaucoup.

Ma tante Mona avait l'habitude de nous réunir quand elle le pouvait pour nous emmener lui rendre visite en prison. Je pleurais beaucoup pour lui en privé et nous restions en contact, nous écrivions des lettres et nous parlions au téléphone de temps en temps. Je me souviens d'avoir regardé la vidéo de Michael Jackson, "You Are Not Alone" et d'avoir pleuré à chaudes larmes parce que mon père me manquait tellement. C'est comme si cette chanson spéciale, alors que personne n'était là, m'avait aidée à évacuer ma douleur la plus intense ; mon père n'était pas seul et je ne l'étais pas non plus. Même s'il était loin, il était dans mon cœur. Après la fin de la chanson, je me suis sentie mieux après avoir libéré les pleurs, les blessures et la douleur dans mon cœur. À peu près au même moment, je regardais le ciel en fixant les étoiles dans la nuit. De la fenêtre de ma chambre à l'étage, j'ai dit en mon for intérieur que je savais qu'il y avait un Dieu et j'ai senti que cela ne pouvait être qu'un seul Dieu alors que je regardais sa belle création dans le ciel la nuit.

CHAPITRE
VINGT-QUATRE

VISIONS PRÉDITES

Une nuit, j'ai fait un rêve, et dans ce rêve, je voyais mon père enchaîné et enchaîné qui marchait avec d'autres prisonniers en portant une combinaison orange. J'étais là aussi, vêtue de la même couleur, et nous nous sommes vus, mais nous ne pouvions pas nous embrasser à cause de nos chaînes.

Je me suis réveillée et j'ai pensé à cela pendant un moment, puis cela s'est estompé, mais je me suis sentie très réelle. Lorsque la date de mon procès est arrivée, j'avais violé ma peine différée, mais je pensais rentrer chez moi juste après. Ils m'ont gardé en prison, enfermé et ils ne voulaient pas me laisser sortir.

J'avais une chance réelle de m'asseoir et de m'isoler et de voir toute ma vie, malgré toutes les chances qui se dressaient contre moi. J'ai eu une éducation traumatisante, j'ai été négligée, molestée et laissée seule quand j'étais enfant, j'ai participé à de nombreuses bagarres, j'ai essayé l'herbe, le H20, l'alcool, j'ai vendu de la drogue, je me suis défoncée avec des pilules de narcotiques, j'ai été confrontée à une grave dépression, j'ai fait des allers-retours entre la maison de correction et la prison, j'ai séché l'école, j'ai été renvoyée, j'ai été violée, je me suis battue avec ma mère et ma famille, j'ai tenté de me suicider, j'ai été expulsée, j'ai couché avec des hommes pour de l'argent, j'ai fait des courses d'essence et je me suis habillée comme un garçon manqué pendant une saison. Je n'ai jamais réussi à l'école, j'ai cambriolé des maisons, j'ai été trompée et j'ai failli m'enfuir. Malgré le fait que j'aie vécu dans des refuges quand j'étais petite, malgré le fait que je me sois battue avec des gangs, malgré le fait que je me sois fait déposer tard dans la nuit en me faufilant chez mes grands-parents après avoir fait l'amour, malgré le fait que j'ai perdu ma virginité à treize ans, malgré toutes ces mauvaises choses qui me sont arrivées toute ma vie, au fond de mon cœur, je voulais changer. J'ai été influencé par des célébrités qui étaient considérées comme des modèles. Da Brat, Tupac, Snoop Dog & Tha Dogg Pound, Biggie Smalls, Eazy E., TLC, Left Eye (c'était ma préférée), Aaliyah, Ashanti, Mary J. Blige, Brandy, Monica, Lil' Kim, Foxy Brown, 2 Short, Jagged Edge, Big Pun, E40, 50 Cents et bien d'autres.

En grandissant, je pensais souvent à eux. Je voulais les rencontrer dans la vraie vie. Je voulais vivre les vies dont ils parlaient dans leur musique ; je les admirais. Malgré toutes les difficultés, j'y ai réfléchi et j'ai considéré toute ma vie. Je suis arrivé à la conclusion que le temps où je vivais une vie traumatisée et horrifiée était arrivé à sa fin. J'avais besoin de tout abandonner.

JE ME SUIS ÉVADÉ DE PRISON

CHAPITRE
VINGT-CINQ

ARRESTATION DU SAINT ESPRIT

J'étais fatigué de fuir Dieu. J'avais touché le fond et je me suis dite que je ferais mieux de me racheter auprès de Dieu parce que j'étais malade mentale et que j'avais à nouveau besoin de médicaments et que je souhaitais un véritable changement et une repentance. Malgré toutes les épreuves que j'avais traversées, je sentais qu'il était temps de marcher dans la lumière. J'étais devenu **une prisonnière qui n'avait d'autre choix que de courir vers Dieu**. Le jour est finalement arrivé où j'ai accepté Jésus-Christ dans mon cœur et d'en faire mon Seigneur et Sauveur personnel, à 21 ans, assise en prison.

C'était une expérience intime qui changeait la vie. Différents groupes venaient dans les nacelles pour l'église afin de servir ceux qui venaient. J'étais celle qui venait pour la parole et la louange. C'était l'une des plus belles choses que j'avais vécues. Tout à coup, je suis retourné en prison en attendant de sortir comme toutes les autres fois. J'ai donné mon cœur à Jésus, j'ai commencé à lire ma Bible, à prier et maintenant à aller à l'église.

J'avais maintenant faim et soif de justice, de vérité, de lumière, de Jésus. C'est un miracle qui s'est produit à l'intérieur de moi. J'ai enfin trouvé le véritable amour que je cherchais. La paix que j'ai trouvée en Jésus était nouvelle pour moi. J'ai commencé à grandir et à chanter les mêmes chants que nous chantions à l'église dans ma cellule. Je chantais pour Jésus toute seule, c'était magnifique. J'ai commencé à me rapprocher de lui, à suivre sa voix, à respecter les règles et règlements de la prison et à m'occuper de mes propres affaires. J'ai commencé à me préoccuper des autres parce que j'avais maintenant l'amour de Dieu à l'intérieur de moi.

J'ai rencontré une femme du nom de Carolyn, qui avait beaucoup plus d'expérience sur le plan spirituel. Nous nous entendions bien et si j'avais une question sur quelque chose ou si je ne comprenais pas quelque chose, je venais dans sa cellule ou je la trouvais dans la cabine. Nous parlions, priions, riions et passions du bon temps ensemble. Elle aimait avoir une amie noire chrétienne et moi j'aimais avoir une amie blanche chrétienne. D'ailleurs, mes parents ne nous ont jamais inculquées ce genre de comportement étrange.

Nous étions en train de parler de Jésus et nous avons commencé à parler à cette dame, qui semblait avoir entre 55 et 60 ans. Elle se plaignait d'une douleur à la jambe. Je me suis rendue compte que c'était une tumeur ouverte et qu'elle sentait très mauvais. Mon amie et moi avons pris l'autorité sur la tumeur et avons prié pour elle en lui imposant les mains, comme le dit la Bible. Chaque jour, la douleur s'est soudainement améliorée et elle a fini par disparaître ; nous étions émerveillées.

JE ME SUIS ÉVADÉ DE PRISON

CHAPITRE
VINGT-SIX

BELLE ÉPAVE

Un autre miracle s'est produit. Un jour, ma meilleure amie est venue me rendre visite et pendant que nous parlions, elle a vu la lumière en moi. Je ne m'intéressais plus à la vie que je menais et aux choses que nous avions l'habitude de faire. J'étais vraiment une personne différente grâce à Jésus et elle le savait ; il m'envahissait. Dans ma cellule, je continuais à passer du temps avec Jésus, à prier, à lire la Bible, à chanter pour Lui et à lever les mains. Je me levais le matin pour prendre mon petit-déjeuner, mon déjeuner et mon dîner, prendre une douche et me coiffer. J'ai partagé de très bons moments avec mes nouveaux amis chrétiens avant qu'ils n'envoient certains d'entre eux dans un meilleur bloc. J'y suis allée et mon amie est restée dans cet autre module. Dans mon nouveau bloc, il y avait des réunions de groupe, des responsables et des séances de prière à 5 heures du matin ; tout était plus ordonné là-bas.

Maintenant, je suis dans le nouveau bloc et j'attends la date de mon procès pour sortir et rentrer chez moi. J'ai rencontré de nouveaux amis et j'ai rejoint leur groupe de prière de 5 heures du matin et la chorale. Les membres du groupe voulaient voter pour que je sois l'un des leaders parce qu'ils m'admiraient. Dieu m'a donné de la sagesse et je ne me suis pas sentie guidée par Dieu pour prendre cette responsabilité, alors j'ai refusé.

Nous nous sommes tous assis en cercle pour réciter la prière de la sérénité et parler des problèmes, résoudre les différences et être encouragés. Nous terminions toujours par une prière. Je voulais être libre à l'intérieur avant de franchir ces portes. Je voulais tellement faire l'expérience de Jésus que rien ni personne ne pourrait me faire changer d'avis. Je croyais que j'avais besoin d'être là-bas, dans ce groupe spécifique, à ce moment précis, pour partager l'amour de Dieu avec eux ; pour laisser ma lumière briller devant les autres afin qu'ils puissent voir la lumière. J'avais pensé à toutes les autres fois où j'étais allé en prison et où j'en étais sorti, mais cette fois-ci, c'était différent. J'y suis resté plus longtemps que je ne l'avais jamais été. C'était ma deuxième audience au tribunal et les guerriers de la prière et moi avons prié ce matin-là. Ma demande était de prier pour que le juge me libère afin que je puisse rentrer chez moi ; je sentais que j'avais vraiment appris ma leçon cette fois. Lorsqu'ils sont venus me chercher pour aller au tribunal, ils ont essayé de me faire signer une peine de trois ans et de cinq ans de façon concomitante, ce qui signifie que lorsque la peine de trois ans est terminée, alors que je suis en prison, c'est automatiquement le moment de passer à la peine de cinq ans, qui est donc en fait de huit ans ! J'étais sceptique et je ne voulais pas signer cette paperasse. J'avais mon bébé en tête et je me demandais comment j'allais m'occuper de lui, du père de mon bébé et de ma famille. Et puis zut ! Je ne voulais pas qu'ils soient absents aussi longtemps, mais ils m'ont dit que si je ne signais pas les papiers, quand ils y retourneraient, ils diraient au juge et à toutes les personnes importantes que je refusais de signer. On m'a menacé de peines supplémentaires. J'étais... Effrayé. Déçue. Confuse. Emotionelle.

Je me suis calmée, j'ai prié, puis je me suis lancée et j'ai signé les papiers. Je savais que ce n'était la faute de personne d'autre que moi et pour être honnête, j'étais coupable. J'étais dévasté et triste à propos de tout cela parce que je savais que j'allais être réincarcéré comme toutes les autres fois. Le bon côté de la chose, c'est que je savais que Jésus était toujours avec moi parce que je l'avais accepté dans mon cœur quelques mois auparavant. La cellule était pleine d'autres femmes condamnées. Il y avait tant de pleurs, de douleur, de peur et de gens qui ne comprenaient pas les longues peines qu'ils étaient obligés de signer. Mais Jésus était avec moi à chaque étape du processus.

CHAPITRE
VINGT-SEPT

L'APRÈS-MARCHE

Les gardiens de sécurité m'ont ramené en prison. Quand je suis retourné dans ma cellule, mes amis m'ont demandé si je pouvais rentrer chez moi et j'ai malheureusement répondu non. L'un d'eux a dit que tu n'avais pas besoin de rentrer chez toi. Monesha ne voulait pas que je rentre à la maison et j'étais comme, huh ? Je veux dire, on pourrait penser que quand un ami va au tribunal, on voudrait qu'il rentre chez lui, non ?

Donc, c'est le grand test. Etais-je en colère contre Jésus parce qu'il aurait pu faire changer d'avis les gens et me laisser en liberté surveillée ? Est-ce que je veux encore être l'ami de Jésus ? Je viens d'être condamné pour 8 ans. Heureusement, j'ai réussi le test. J'étais vraiment sauvé et j'étais déjà tombé amoureuse de Jésus. Je savais qu'il était avec moi quoi qu'il arrive et qu'il me guiderait jusqu'à ma sortie. J'ai donc été obligée de vivre dans cette cellule avec une soixantaine d'autres femmes pendant encore huit mois.

C'était la soirée de l'église, mais cette soirée était différente. Il y avait beaucoup de femmes, probablement une dizaine, et les gardes de sécurité sont venus nous chercher et nous ont emmenées dans un autre module pour l'église. Pendant le service, ils priaient avec nous tous et cette dame âgée a prié pour moi et m'a demandé si je voulais recevoir le don de parler en langues. J'ai dit oui et elle a commencé à prier en langues et m'a dit de répéter après moi, ce que j'ai fait. Cette nuit-là, j'ai reçu le don de ma langue céleste.

Elle a prophétisé sur moi et a dit que les anges allaient me titiller cette nuit-là et cette même nuit, j'ai ri parce que j'ai senti les anges me titiller. À partir de ce moment-là, j'ai commencé à pratiquer ma langue céleste. J'avais une autre amie chrétienne blanche nommée Samantha. Nous parlions de Jésus, priions et nous encouragions mutuellement, tout comme mon autre amie Carolyn, dans l'autre module. Un jour, il s'est passé quelque chose dans le groupe. Certaines femmes se comportaient mal et ne suivaient pas les règles, alors on nous a toutes placées dans un autre module pendant une semaine.

JE ME SUIS ÉVADÉ DE PRISON

CHAPITRE
VINGT-HUIT

VISITE SURNATURELLE

J'ai pris ma Bible et l'ai lue, j'ai prié, jeûné et parlé à Dieu. Je me suis souvenue que dans cette cellule, j'avais des douleurs à l'utérus, car j'en avais avant la prison. J'ai été amenée à m'imposer les mains et à prier pour ma guérison et le lendemain matin, la douleur avait disparu ! J'avais été guérie par la puissance de Dieu. C'était beaucoup plus difficile pendant cette période particulière parce que personne ne pouvait sortir de sa cellule pour échanger et parler avec quelqu'un. J'ai eu la visite surnaturelle d'un ange dans cette cellule. Il était là et il était vêtu d'un vêtement tout blanc. J'ai senti un esprit angélique qui est venu et s'est tenu près de moi pendant quelques minutes, puis il est parti. J'ai cru que Dieu avait envoyé cet ange pour me fortifier et m'encourager pendant cette période difficile. J'en ai été étonnée.

Même au milieu de la solitude de ne pas être capable de parler avec les autres et de faire nos routines normales, Dieu était juste au milieu de tout cela, me parlant, m'enseignant Sa parole alors que je passais du temps avec lui ; il était avec moi. Je me demandais combien de temps ils allaient nous garder enfermés dans une cellule, seuls, sans interaction, mais pendant ce temps, ils ont appelé mon nom et sont venus me laisser sortir pour une visite. C'était mon fils et son père. J'étais si heureuse de les voir et de savoir que mon fils allait très bien avec l'aide de son père, de ma mère et de mes sœurs. Ma mère a toujours aimé son petit-fils depuis le premier jour.

J'ai été très surprise de constater que, malgré tout ce qui se passait, je n'ai pas laissé tomber Dieu et il m'a montré qu'il ne m'avait pas laissée tomber non plus, sans compter la visite. Parfois, le père de mon fils mettait de l'argent sur mes livres quand il le pouvait et j'en étais reconnaissante. Personne d'autre ne me soutenait, ils avaient juste assez pour prendre soin d'eux-mêmes.

Finalement, ils nous ont tous fait sortir des cellules et nous ont ramenés dans le bloc principal ; les choses ont recommencé à fonctionner normalement. Nos réunions de groupe, le nettoyage, la chorale, la télévision, les appels téléphoniques, l'économat, les rencontres avec mes amis chrétiens et tout le reste. J'ai eu des visites dans ce bloc aussi. Ma sœur et le père du bébé sont venus aussi.

Je me souviens de cette dame noire beaucoup plus âgée, qui était chef de file dans les groupes, elle était chrétienne, mais elle semblait tellement pleine de haine, de rage, autoritaire vis-à-vis des gens et elle était aussi une guerrière de prière. Elle agissait de façon tellement contradictoire avec ce qu'elle prétendait être. Au bout d'un moment, je n'ai plus cherché à me lier d'amitié avec elle ou à prier. Je ne voulais plus l'écouter ni être dérangée par elle. Elle était juste si haineuse et méchante. Nous ne nous entendions plus et n'avions plus de place ensemble. Comme j'ai commencé à évoluer avec Dieu, à devenir plus sage, j'ai commencé à apprendre qui accompagner et être accompagné par. Il y avait quelque chose qu'elle faisait. Elle travaillait dans la cuisine où elle aidait à servir la nourriture et elle a fini par avoir des problèmes pour avoir volé de la nourriture ou quelque chose de ce genre. Mais je continuais à prier, à lire ma bible, à lire des livres d'inspiration comme celui de Joyce Meyers, *Battlefield of the Mind*. Je lisais le livre des Psaumes et Dieu me parlait sans cesse de Psaumes 37:1-3 : "Ne t'effraie pas à cause des méchants, et ne t'irrite pas contre ceux qui commettent l'iniquité. Car bientôt ils seront fauchés comme l'herbe et se dessécheront comme la verdure. Fais confiance au Seigneur et fais le bien, ainsi tu habiteras le pays et tu verras que tu seras paître."

Ma conception de la parole de Dieu était la suivante : ne t'inquiète pas, je vois exactement ce qui se passe et je vais m'occuper d'elle pour toi. J'ai continué à lire et à méditer sur cette écriture et, un jour, les gardes de sécurité sont venus la chercher et l'ont emmenée.

CHAPITRE
VINGT-NEUF

FOI INÉBRANLABLE

J'ai gardé ma foi, j'ai prié et j'ai fait de mon mieux pour faire ce qui était juste. Je me souviens que certaines femmes mettaient de la musique de louange et que nous adorions toutes ensemble la chanson de Mercyme, *I Can Only Imagine*. Je suis tombée amoureuse de cette chanson et lorsque j'ai eu mon économat, j'ai offert et béni des dames qui n'avaient rien de plus à manger. Lorsque j'étais à court de nourriture et d'en-cas, les gens me bénissaient aussi.

Cela se poursuit jusqu'à la nuit où ils ont prononcé mon nom pour tirer des chaînes, ce qui signifie que d'autres femmes et moi-même sortons de la prison et qu'ils nous menottent et nous enchaînent pour nous transporter à la prison de Lexington. On nous donnait un numéro et on nous enfermait avec une camarade 23 heures par jour. On ne peut sortir qu'une heure par jour pour se doucher, téléphoner, converser avec d'autres détenus, se faire tresser les cheveux, et on doit nous donner 3 repas par jour. Je me souviens que pendant mes 3 semaines là-bas, mon anniversaire était arrivé, j'avais 22 ans. Pendant notre heure de sortie des cellules, mon amie chrétienne Joy B. m'avait tressé les cheveux pour mon anniversaire. J'étais tellement heureuse que j'avais besoin d'une belle coiffure ; elle a fait ma journée. J'avais aussi prié pour cela.

Un jour, ils ont conduit les femmes et les hommes à la clinique à l'étage et c'était mon tour. Ils ont examiné mes seins et mon corps et ont dit que j'allais très bien, sauf qu'ils ont trouvé la tuberculose (TB) en moi. Je me demandais profondément qui m'avait transmis la tuberculose. J'ai demandé comment une personne pouvait l'attraper, ils ont répondu en parlant à quelqu'un. Je me suis souvenu que j'avais parlé, prié, chanté et que j'avais été en contact étroit avec beaucoup de personnes depuis que je suis ici, depuis moins d'un an. J'étais confuse et dévastée par cette situation. Je ne voulais pas de ça dans mon corps, alors ils m'ont donné des médicaments pour ça. J'ai prié pour la guérison de mon corps, car en prison, j'ai découvert que j'avais le don de guérison. J'ai cru en Dieu pour ma guérison et j'ai été guérie de la tuberculose !

Je n'avais plus à m'inquiéter de cela. Quand j'ai été testé à nouveau, je ne l'avais pas. Loué soit Jéhovah Rapha, le Dieu qui guérit. J'ai remarqué que ma peau était aussi devenue très claire. C'était le résultat du fait que j'avais cessé de fumer des cigares noirs et doux, de boire et d'avoir de mauvaises habitudes alimentaires ; même mes mains ont commencé à paraître plus jeunes.

Je grandissais et rayonnais en Dieu. Je perdais du poids, j'avais l'air de mieux en mieux et en meilleure santé. J'ai été envahi par la paix et l'amour de Dieu dans mon cœur envers les autres.

JE ME SUIS ÉVADÉ DE PRISON

CHAPITRE
TRENTE

ŒUVRER

Mon temps était venu de tirer des chaînes et d'aller au pénitencier. Ils ont donc envoyé un groupe d'entre nous à la prison de Mabel Basset. C'était autour de la période de Noël, alors je me suis retrouvée dans une autre cellule, mais cette fois-ci, nous étions quatre avec deux lits superposés ; j'étais la seule chrétienne. J'allais certainement défendre ma foi quoi qu'il arrive. J'étais sauvée, libérée, je vivais dans la lumière et je ne me souciais pas qu'ils remarquent que je n'étais pas comme eux. J'allais laisser briller ma lumière parce que c'est ce que la parole de Dieu me disait de faire. Dans mon cœur, j'étais une nouvelle création en Jésus-Christ.

Nous avons conversé et raconté des histoires sur nos frères et sœurs, notre famille et comment tout le monde nous manquait et ce que nous avions fait pour y arriver. Nous apprenions à nous connaître. Elles s'appelaient Kirsten, Kristie et Ada et celle qui nous a dit qu'elle était accusée de meurtre dormait sur ma couchette du dessus ; je n'avais pas peur. Tant qu'elle ne me touchait pas, on était cool. Elles étaient de bonnes camarades, mais je n'ai jamais pu être encouragé dans la foi par aucune d'entre elles parce qu'elles n'étaient pas croyantes. Souvent, j'ai été amené à sauter un repas, à jeûner et à prier. Je rencontrais des amis chrétiens avec qui je sortais et je priais dans la cour pour différentes femmes. Je passais la majorité de mon temps avec Dieu à prier en langues et à exercer mon ministère auprès de différentes personnes. Je leur racontais ce qui m'était arrivé, comment je m'étais retrouvée dans cette situation et comment j'avais fini par donner ma vie à Jésus, qui m'avait sauvée.

Je partageais ma foi avec les gens et leur disais que le même Dieu qui a transformé ma vie peut faire exactement la même chose pour vous. Il vous suffit de le croire et de l'accepter dans votre cœur. Je prêchais à des personnes individuelles pour les sauver et certaines personnes recevaient le don de parler en langues. Je vous dis que tant de gens ont été sauvés par Dieu qui m'a utilisée pour être un témoin de

Lui. Il y avait aussi des dames que je connaissais dans la rue qui m'ont vu là-dedans. Elles ont vu comment Dieu m'a bénie et m'a guérie.

J'ai rencontré une amie nommée Francis. Je lui prodiguais mon aide. Ses cheveux étaient courts et elle voulait que je prie pour elle dans la cour. J'ai posé mes mains sur elle et j'ai prié pour elle. Peu de temps après, elle m'a arrêtée dans la cour pour me dire que ses cheveux avaient commencé à pousser, vraiment. Alléluia ! Gloire à Dieu pour un autre miracle de guérison !

J'avais l'habitude de lire la Bible, de mémoriser les Écritures et de les citer à Dieu. J'étais persuadée qu'il respecterait sa parole et qu'elle s'accomplirait dans ma vie. Esaïe 55:11-12 dit : "Il en sera de même de ma parole qui sort de ma bouche : elle ne reviendra pas à moi sans effet, mais elle accomplira ce que je veux et prospérera dans ce que j'ai envoyé." Amen. Bénissez le Seigneur Dieu tout-puissant ; Sa parole agit dans ma vie.

JE ME SUIS ÉVADÉ DE PRISON

CHAPITRE
TRENTE-ET-UN

GUSTO

J'ai beaucoup aimé me promener dans le complexe en étant guidée par l'Esprit pour savoir où aller, de quel côté tourner, pour qui aller exercer un culte et prier. Dieu m'a également envoyé différentes femmes en souffrance pour me demander de prier pour elles tout le temps. Il a marché avec moi et a parlé avec moi.

Je me souviens d'avoir assisté à différents services religieux tels que le ministère des prisons Jesse Bufford et les services religieux Back To Basics où le ministre Beverly T., son mari et d'autres prêchaient à tour de rôle. Je pouvais certainement sentir la présence de Dieu dans ce lieu. J'écoutais la parole et levais les mains pour adorer, peu importe qui me voyait, mais certaines femmes avaient peur de lever leurs mains vers le Créateur des Cieux et de la Terre.

On m'a surnommée "Sœur Tia" (et la dame qui levait toujours les mains à chaque service religieux). Il était facile de me trouver dans la grande foule en train d'adorer le Seigneur. Mon culte était différent et l'est encore aujourd'hui. Les gens me demandaient de prier pour eux au sujet de leur situation. Beaucoup de gens m'admirent, même des membres du personnel. Un membre du personnel m'a dit que j'avais un cœur d'or.

Cette même membre du personnel est entrée dans le bloc et a dit à haute voix "Je sens la douce communion du Saint-Esprit". Elle parlait de moi. J'étais sur ma couchette à passer du temps avec Dieu et elle le savait. J'étais tellement bénie et ointe et utilisée par Dieu. J'avais l'impression que personne d'autre, à part quelques autres dames, ne servait vraiment Dieu, mais tout le monde avait une opportunité, comme nous.

J'ai toujours prié pour tout le monde. Parfois, je dirigeais des cercles de prière dans le bloc. C'était une opportunité et un choix d'agir comme le diable comme nous l'étions avant de venir ici. Nous pouvions changer et évoluer pour être métamorphosés par son Esprit, alors oui, j'avais certainement fait un choix. Je me souviens de mon amie Kia. Elle allait tout le temps à ces cours pour obtenir des jours déduits de sa peine. Elle essayait de me parler de ces cours pour me convaincre d'y aller. Mais ça ne m'intéressait pas plus que d'aller à l'église. Elle ne voulait pas écouter, mais j'essayais de lui faire comprendre que nous avons vraiment besoin de Dieu. Nous devons nous réunir avec Dieu au lieu d'essayer de nous dépêcher et de partir d'ici, car Dieu est ce qui compte le plus.

JE ME SUIS ÉVADÉ DE PRISON

CHAPITRE
TRENTE-DEUX

JEHOVAH SHAMMAH
(LE SEIGNEUR EST TOUJOURS PRÉSENT)

Un jour, une de mes camarades s'est emportée en balayant notre chambre. En entrant, j'ai dit "excusez-moi" et j'ai piétiné son tas d'ordures. Elle a menti et a dit que je l'avais frappée avec mon pied, mais ce n'était pas le cas. Elle avait déjà essayé de me frapper, mais je n'étais pas du genre à le faire. Je n'étais jamais allé dans ce sens, alors je n'allais pas supporter son bordel. Je m'en fichais, alors elle m'a dit des conneries et nous nous sommes engueulés.

Elle a couru autour d'un groupe de personnes en disant à Mama Glo, une dame âgée qui était un leader chrétien dans le bloc, alors je suis descendue des escaliers, prête à la battre. Elle se tenait toujours debout autour de beaucoup de gens, agissant comme si elle allait faire quelque chose. Les gens lui disaient d'arrêter, mais je m'en fichais. J'étais prête à la frapper et à frapper tous ceux qui en voulaient aussi. Elle ne faisait que parler, elle ne m'a pas touchée et je me tenais juste devant elle.

J'avais le sentiment que Dieu me disait de ne pas le faire. Je me portais bien, sans m'attirer d'ennuis. D'une manière ou d'une autre, tout s'est calmé et est revenu à la normale. Je détestais vivre dans cette cellule avec ces trois filles. J'essayais d'être en accord avec Dieu et c'est difficile de vivre avec quelqu'un qui fait le contraire de ce que vous faites. C'est un vrai combat spirituel. Tout le langage grossier, elles parlaient de qui elles aimaient et des différentes choses qu'elles faisaient, tout en vivant dans la même cellule. J'ai continué à prier, à éviter les repas et à jeûner, à aller à l'église et à trouver une compagnie inspirante. J'étais toujours en train de servir les gens et de prier Dieu de me sortir de là.

J'ai commencé à être plus explicite quant au choix d'une nouvelle camarade. Un jour, le gardien est finalement venu et a appelé mon nom pour me donner un nouveau numéro de module, une nouvelle cellule et un nouveau dortoir. J'étais si excitée de recevoir exactement ce pour quoi j'avais prié. J'avais passé de nombreux tests en vivant avec trois autres femmes adultes tout en essayant d'être la plus forte que j'aie jamais été dans ma vie. Je ne me mêlais pas à elles d'une manière impie, je ne m'impliquais pas dans des conversations inappropriées et je ne faisais rien d'autre que leur montrer le véritable amour de Dieu. Elles ont découvert que j'étais très sérieuse dans ma marche avec le Christ et que rien n'allait me distraire, m'enlever ou m'éloigner de Jésus.

Je dois également envisager d'éviter toute mauvaise conduite et de perdre ainsi tout privilège. Les fautes professionnelles ajoutent du temps à votre peine, donc plus de temps loin de votre famille. Si quelqu'un se bat, les agents de sécurité viennent vous enfermer dans une cellule à l'écart de tout le monde pour y vivre. C'est une petite cellule pendant plusieurs mois. Cela peut durer de 3 à 7 mois ou plus, selon l'incident en question. Vous ne voyez personne et ne savez absolument pas ce qui se passe dans la cour ou quoi que ce soit. Je remercie Dieu de m'avoir aidé à traverser cette épreuve. J'étais excitée à l'idée de pouvoir sortir de cette pièce avec les trois autres femmes. Je passais test après test et j'en sortais comme de l'or pur.

Dieu m'a donné exactement ce pour quoi je priais en me donnant une autre camarade. Elle était propre, gentille, cool, calme, et ne se mêlait pas de mes affaires. Elle ne cherchait pas à m'apprécier et cela ne la dérangeait pas que je me mette à genoux pour prier sur sa couchette. Il y avait de nombreuses fois où elle était partie et revenait dans la chambre et me surprenait à prier à genoux en langues sur sa couchette inférieure.

Elle avait une petite amie noire et sortait avec elle dans l'enceinte. Elle n'a jamais semblé vouloir me déranger ou me dire que je ne pouvais pas utiliser son lit pour me prosterner devant Dieu et prier. Elle ne m'a jamais dérangé, elle m'a simplement laissé être une chrétienne et je l'ai laissée être qui elle était. Je l'ai incluse dans mes nombreuses prières pour être sauvée et trouver une vraie relation avec Dieu. Elle était la parfaite camarade de cellule. Je n'aurais pas pu demander mieux à Dieu. Je crois que, parce que j'ai passé de nombreux tests pour montrer à Dieu que je l'aimais vraiment et que j'avais confiance en Lui, Il m'a enlevé le combat dans lequel j'ai failli me retrouver. Il parlait à mon cœur de beaucoup de choses.

CHAPITRE
TRENTE TROIS

CHOISI

Puisque je lui ai donné mon cœur et que j'étais décidément heureuse avec Dieu, je pouvais simplement être moi. La Bible dit dans le Psaume 37:4, "Fais tes délices du Seigneur et il te donnera les désirs de ton coeur." Je me sentais poussée à parler aux femmes qui voulaient bien m'écouter. Je ferais savoir à quelqu'un que lorsqu'on sert Jésus, il est important de montrer qu'il est vraiment tout ce qui compte. Continuez à rester forte, priez et ne cédez pas à la tentation, mais passez les épreuves ; Dieu veille et il est là. Il vous récompensera en vous donnant le désir de votre cœur, peu importe ce que vous affrontez.

Et donc, je continuais à jeûner, à renoncer aux repas de la cafétéria et à prier à ma place, à genoux sur la couchette du bas. Un jour, j'ai été poussée à faire un jeûne de 7 jours, dont 3,5 jours sans rien manger ni boire et les 3,5 autres jours avec de l'eau seulement. Un jour, pendant mon jeûne, ma camarade de chambre est entrée avec un cheeseburger réchauffé au micro-ondes et l'a posé là pendant un moment sans y toucher. Il avait l'air si bon et je le voulais. Je n'avais pas mangé depuis des jours et j'étais tentée d'abandonner le jeûne et d'aller manger quelque chose. Mais je ne l'ai pas fait. Je suis restée forte et j'ai terminé mon jeûne.

Dieu me bâtissait et me rendait plus forte. Il me fortifiait pour que je sois plus forte spirituellement et que je passe différentes épreuves. Job 23:10 dit, "mais il connaît le chemin que je prends, quand il m'aura éprouvé, j'en sortirai comme de l'or." Tout ce qui a pu m'arriver en vivant là-bas avec des centaines de femmes, n'a pas pu me faire tomber.

Ces différents esprits que j'ai affrontés n'ont pas pu me prendre ou détourner mon but et le plan puissant de Dieu pour ma vie. Peu importe ce que j'avais affronté là-bas à la prison, j'avais déjà prise ma décision. J'étais convaincue que rien ne pouvait me séparer de Dieu. Romains 8:35-39 dit : "Qui nous séparera de l'amour de Christ, par la tribulation ou la détresse, ou la persuasion, ou la famine, ou la nudité, ou l'épée ? Comme il est écrit à cause de toi, nous sommes tués tout le jour, nous sommes considérés comme des brebis destinées à la boucherie. Mais dans toutes ces choses nous sommes plus que vainqueurs par Celui qui nous a aimés, car je suis convaincu que ni la mort, ni la vie, ni les anges, ni les principautés, ni les puissances, ni les choses présentes, ni les choses à venir, ni la hauteur, ni la profondeur, ni aucune autre créature ne pourra nous séparer de l'amour de Dieu qui est dans le Christ Jésus ou Seigneur."

Pendant les mois où j'ai été hébergée, tout s'est bien passé avec ma camarade de chambre qui vivait dans la même cellule. J'ai continué à prier, à lire ma bible, à servir les gens, à les sauver, à aller à l'église, à témoigner, à lire des livres inspirants et à passer des tests. J'ai même fait un jeûne de 40 jours. Cela m'a fortifié et m'a maintenu sur la bonne voie avec Dieu.

J'ai également participé à un groupe d'étude biblique avec d'autres détenus, mais le responsable du groupe et moi n'étions pas très proches. J'avais l'impression de lutter contre les forces obscures en elle, mais elle était chrétienne. On se réunissait à la cafétéria une fois par semaine. J'ai été fidèle à notre groupe dès le début, puis un jour j'ai eu l'onction d'arrêter d'y aller. J'ai dit oui, si je te suis bien, je vais arrêter d'y aller et je l'ai fait. J'ai cessé d'y aller et la paix de Dieu a commencé à m'envahir de telle manière que je me suis sentie belle à nouveau.

Dans mon esprit, l'Écriture Philippiens 4:6-7 ne cessait de résonner dans mon cœur. Il dit : "Ne t'inquiète de rien, mais en toute chose, par la prière et la supplication, avec des actions de grâces, fais connaître tes désirs à Dieu. Et la paix de Dieu, qui surpasse toute intelligence, gardera ton coeur et ton esprit par Jésus-Christ." Vous voyez, même si je ne me sentais pas vraiment dans le groupe, nous apprenions tous sur Dieu et c'est ce qui m'a poussée à rejoindre le groupe. Je voulais toujours être fidèle, c'est ce que je veux dire, mais dès que j'ai obéi à Dieu et que j'ai cessé de participer, Dieu m'a de nouveau accordé beaucoup de paix et j'ai adoré ça !

C'était absolument magnifique. Ce que j'ai constaté et obtenu de cette leçon, c'est que tout ce qui semble bon n'est pas toujours de Dieu. Lorsque j'ai commencé à suivre Son onction, c'est là que se trouvait ma paix. Il y avait un grand soulagement et une grande paix qui était soutenue par la parole de Dieu dans Philippiens 4:6-7. Un jour, ils déplaçaient plusieurs personnes et j'ai été transféré dans une unité réduite, dans la même cour. J'ai emballé toutes mes affaires et j'ai déménagé. Heureusement, cette nouvelle camarade de lit était une chrétienne et était sympa. Elle s'occupait de ses affaires, avait quelques amis comme moi, restait dans son coin et ne dérangeait personne. Nous parlions de Dieu et regardions la télévision chrétienne, T.B.N., le Dr Creflo Dollar, Joyce Meyers et d'autres sur sa couchette.

J'étais nouvelle dans ce bloc particulier et bien qu'il s'agisse de personnes différentes, il fallait se battre contre les mêmes démons. Je défendais ma foi en Dieu. Je me souviens être allée aux toilettes peu de temps après mon arrivée et cette dame blanche appelée Shannon a dit à haute voix, "Je la veux, elle est jolie et elle est chrétienne". Ce qui signifie qu'elle me voulait comme petite amie. Elle se tenait dans le miroir, et je me suis dit, je ne pense pas. Elle était autoritaire avec une attitude de bébé pleurnicharde lorsqu'elle n'arrivait pas à ses fins. Ce bloc était un bloc ouvert, ce qui signifie que vous n'aviez pas votre propre cellule à partager. Vous partagiez toujours une couchette mais pas votre propre cellule. Il était plus facile de connaître tout le monde et d'apprendre la personnalité de chaque personne.

CHAPITRE
TRENTE-QUATRE

MARQUÉ À VIE

Tout le monde a rapidement découvert que j'étais chrétienne. Je n'ai pas eu à le dire à qui que ce soit, ils l'ont découvert en me regardant. Il y avait aussi quelques autres chrétiennes. Comme lors de l'incident où je suis entré dans les toilettes, elle savait déjà que j'étais Chrétienne. Cela s'est vu, alors personne n'est revenu vers moi comme ça. Jusqu'à ce qu'un jour, cette dame qui était dans une autre cabine à côté de la nôtre ait demandé aux gardes de sécurité de changer de cabine pour être avec moi. Elle était très franche, ne tenait pas sa langue, parlait de tout le monde, était autoritaire et méchante.

Elle était très amie avec les agents de sécurité, et elle était là depuis des années, alors ils l'ont échangée. Je crois que Dieu a permis que ça se passe comme ça. Au début, ils l'ont mise sur la couchette du bas d'une dame, et elle parlait toujours fort et se plaignait de tous ses cheveux qui tombaient sur sa couchette du bas. Cela a duré un certain temps et, après s'être plainte et avoir fait des histoires, elle a demandé si elle pouvait s'installer sur ma couchette du bas parce que ma couchette avait été libérée. Ils ont acquiescé à sa demande, et elle a été transférée sur ma couchette. C'était son plan depuis le début. J'ai remarqué qu'à chaque fois que je parlais à quelqu'un, elle se cognait littéralement contre ma couchette pour me signifier que je devais arrêter de parler à la personne à qui je parlais. Elle faisait ça souvent et je continuais à parler jusqu'à ce que la conversation soit terminée. Elle venait aussi dans les douches pendant que je me douchais. La façon dont elle me regardait lorsque je prenais une douche me mettait mal à l'aise. J'ai remercié Dieu qu'il y ait un mur entre les douches et un rideau de douche pour l'intimité. Elle était censée être chrétienne mais n'agissait certainement pas comme telle.

Tout cela a duré un certain temps et, au beau milieu de tout cela, j'ai continué à passer du temps avec Dieu et à demeurer dans sa présence. J'ai continué à aller à l'église, à parler aux gens de ce que le Seigneur a fait pour moi. J'ai continué à regarder la télévision chrétienne, à lire des livres inspirants, à sauver des âmes, à fréquenter des amis chrétiens et à faire ce que j'aime faire.

Je me suis retrouvée à pleurer à Dieu au sujet de ma situation et j'ai été amenée à faire une demande de déménagement. Alors que j'étais assise à une table à méditer sur la parole de Dieu, j'ai prié et demandé à Dieu un signe. Je lui ai dit que j'avais besoin que trois personnes passent devant moi et me sourient et me saluent si je devais partir dans un autre établissement avant l'anniversaire de mon fils. Dieu s'est empressé de répondre à ma demande aussi rapidement que je l'avais formulée. Moins de cinq minutes plus tard, les trois personnes sont entrées dans l'établissement alors qu'elles se dirigeaient vers leur module, elles m'ont regardée, m'ont fait signe et m'ont souri. C'était le signe que j'allais partir et aller dans une maison de transition à sécurité réduite avant l'anniversaire de mon fils.

Et un jour, alors que j'étais assise à la table, m'occupant de mes affaires, passant du temps avec Dieu et mémorisant différentes écritures, l'agent de sécurité s'est approché de moi. Il m'a dit d'emballer mes affaires parce qu'ils me déplaçaient dans le même bâtiment, mais dans une autre cellule. Ils avaient approuvé ma demande de m'éloigner de mon dortoir. J'étais tellement soulagée et heureuse de pouvoir quitter ma couchette, j'ai remercié Dieu. Je ne voulais pas être sa petite amie, ni celle de qui que ce soit d'autre. J'en avais assez d'elle. Mon objectif était de plaire à Dieu et à personne d'autre. Pendant ce temps-là, elle n'était pas dans le module, elle était dehors dans la cour. J'étais donc heureuse et bénie de déménager alors qu'elle n'était pas là. Lorsque j'ai déménagé cette fois-ci, je n'avais pas de dortoir ; j'avais le lit superposé pour moi toute seule. Dans ce nouveau bloc, j'ai dû endurer et passer des tests une fois de plus. Dieu est fidèle. Il a fait en sorte que cela se produise à nouveau pour moi, Alléluia.

CHAPITRE
TRENTE-CINQ

GRACÉ

Dieu m'a délivré. J'avais passé d'autres tests et mon cœur était voué au Seigneur ; je voulais vivre pour lui à tout prix. Peu importe l'esprit maléfique contre lequel je devais me battre, Dieu était de mon côté. Non seulement je l'ai accepté, mais j'ai réellement vécu pour lui. Tout le monde pouvait clairement le voir, pas seulement les centaines de femmes mais aussi les agents de sécurité et le personnel. Le Psaume 140:4 dit : "Garde-moi, Seigneur, de la main du méchant, préserve-moi de l'homme violent qui a l'intention de briser ma route".

La Bible dit aussi dans le Psaume 142:7, "Fais sortir mon âme de la prison pour que je puisse louer ton nom, les justes m'entoureront car tu me traiteras avec bonté."

Alléluia, louez le Seigneur pour ce qui m'est arrivé parce que mon âme sentait qu'elle était tourmentée par le fait de côtoyer une âme complice non délivrée. Dieu m'a retirée de cette situation accablante. D'autres femmes avaient besoin de moi comme lumière pour animer leur foi, ainsi que d'autres femmes qui voulaient vraiment être libres. Le Psaume 143:1-5 dit : "Écoute ma prière, Seigneur, prête l'oreille à mes supplications ; selon ta fidélité, réponds-moi, selon ta justice. N'entre pas en jugement avec ton serviteur, car nul vivant n'est justifié à tes yeux. Car l'ennemi a persécuté mon âme, il a terrassé ma vie, il m'a fait habiter dans les ténèbres, comme ceux qui sont morts depuis longtemps. C'est pourquoi mon esprit est accablé au-dedans de moi, mon cœur au-dedans de moi est désolé. Je me souviens des jours d'autrefois, je médite sur toutes tes œuvres, je médite sur les œuvres de tes mains."

C'est un Dieu puissant. Il n'est pas assez grand pour ne pas regarder en bas. Il a une main puissante avec un bras tendu et la même chose qu'il a fait pour moi, il peut certainement la faire pour vous.

Donc, le bloc sans couchette, était bon pour moi. J'ai continué à passer du temps avec Dieu, à prier, à l'adorer et à témoigner aux gens, dans le module et dans l'enceinte. Je passais des appels téléphoniques pour parler au père de mon fils et à mon bébé ; je priais pour eux. Nous organisions des cercles de prière dans le bloc. Les gens venaient me voir et me demandaient si je pouvais prier pour eux et leurs familles. J'ai aussi continué à aller aux services religieux. Je me souviens d'une fois où un groupe de femmes est venu à l'église pour nous bénir et nous servir. Tous les cultes étaient très importants, mais celui-là en particulier, les ministres lançaient l'invitation au salut et au baptême du langage des langues. Beaucoup de dames s'approchaient pour recevoir, je me suis sentie poussée à monter et à me tenir à côté des dames qui étaient là pour exercer le ministère ; personne ne m'a dit que je ne pouvais pas. Une dame est venue me voir pour prier et elle a également reçu le baptême du parler en langues par le Saint-Esprit. Elle tremblait et parlait en langues. Dieu a agi avec force cette nuit-là et j'ai prié pour d'autres personnes aussi.

Dieu est apparu et s'est manifesté. Je crois qu'Il m'a utilisé cette nuit-là pour Sa gloire, pour faire savoir aux prêtres qu'il y a des femmes ici qui sont vraiment passionnées par Dieu. Ce n'est pas parce qu'elles ont commis un crime, qu'elles ont été prises et qu'elles sont en prison, qu'elles sont les mêmes. Beaucoup d'entre elles se sont même libérées des chaînes spirituelles de l'esclavage. Cette nuit-là, Dieu a permis à beaucoup de mes participants d'être témoins de sa puissance.

La Bible déclare dans Psaumes 23:5 que, "tu dresses devant moi une table en présence de mes ennemis, tu oins d'huile ma tête, ma coupe déborde".

Un jour, un grand groupe baptisé Kairos est venu à la prison. Ils organisaient une retraite de 3 ou 4 jours et si quelqu'un était intéressé, il suffisait de marcher jusqu'à la chapelle pour s'y inscrire. Cela ne signifiait pas nécessairement que vous alliez à l'événement. Ainsi, lorsque je me suis inscrite, la responsable et moi avons discuté et elle semblait douter que je puisse y assister. Avant de déposer mon nom dans la boîte, j'ai prié. Ils ont publié la liste de tous ceux qui avaient été acceptés et mon nom et celui de deux autres femmes puissantes de Dieu étaient les premières sur la liste.

Toutes les autres femmes qui ont été acceptées ont été ajoutées en dessous de nous. Beaucoup de femmes ont été refusées parce qu'un certain nombre seulement pouvait participer. Bénissez le Seigneur, et louez son saint nom. La dame qui avait douté de moi a vu mes prières exaucées. C'est l'une des choses que j'admire chez Dieu, Il laissera sûrement vos opposants voir comment Il continue à vous bénir. Le Psaume 34:8 dit : "Goûtez et voyez que l'Eternel est bon ; heureux celui qui se réfugie en lui. Le Psaume 70:4 dit : "Mais que tous ceux qui te cherchent se réjouissent et se délectent en toi ; que ceux qui attendent ton secours disent toujours : "Le Seigneur est grand !".

JE ME SUIS ÉVADÉ DE PRISON

CHAPITRE
TRENTE-SIX

MAINS GUÉRISSEUSES

J'étais enthousiasmée par Kairos ; que le plaisir commence ! Le premier jour, toutes les dames de Kairos ont fait connaissance avec tout le monde, se sont serré la main et ont rassemblé leur groupe de dames à leur propre table avec des étiquettes nominatives. Nous nous sommes toutes présentées et avons participé à une activité brise-glace. C'était génial, car nous ne nous connaissions pas, étant donné que nous vivons dans des dortoirs différents. Je ne connaissais certainement pas tout le monde. J'avais toujours eu un petit groupe d'amis.

Ils avaient préparé toutes sortes d'aliments pour nous. Cet événement particulier s'est déroulé dans le gymnase parce qu'il était très grand et qu'il y avait beaucoup de place pour que nous puissions tous nous amuser. Nous avons pu manger plein de sandwichs, de chips, de biscuits, de bonbons, de boissons et tout le reste. Le but de la retraite Kairos est de faire l'expérience de l'amour agapé de Dieu, de se concentrer sur Dieu dans nos vies et de contempler le rôle de Dieu dans nos vies.

Ils nous posaient des questions sur Dieu, nous avons joué à des jeux, participé à des ateliers, nous nous sommes beaucoup amusés et nous avons beaucoup mangé. Nous avons partagé des témoignages sur l'amour de Dieu, nous avons chanté des chansons, dansé et nous avons été enseignés sur l'amour de Dieu. J'ai adoré la retraite ! J'avais l'impression d'avoir échappé à la prison, même si j'y étais encore. La retraite durait toute la journée, de 9 h à 17 h ou de 10 h à 18 h, pendant 3 ou 4 jours. Chaque jour, nous nous retrouvions dans le gymnase, nous saluions tout le monde, nous priions, nous prenions le petit-déjeuner, le déjeuner, le dîner, nous nous amusions, nous louions Dieu ensemble, nous chantions différents chants, nous adorions, nous souriions, nous riions, nous nous séparions dans nos groupes et nous nous réunissions.

C'est la plus belle chose à laquelle j'ai assisté. Tout cela a duré jusqu'au dernier jour, puis nous sommes tous sortis pour prendre une photo de notre expérience avec Kairos. Nous avons terminé en montant à l'avant et en partageant nos expériences personnelles avec Kairos. Je ne voulais pas que la fin arrive, je voulais qu'elle continue. J'ai eu la chance de faire l'expérience de l'amour agapé de Dieu. J'ai adoré et je ne voulais pas qu'ils partent, et je suis sûre que les autres femmes ne le voulaient pas non plus.

Nous avons tous pu nous échapper de la prison, manger de la bonne nourriture et partager notre expérience sur le fait qu'ils nous ont montré l'amour inconditionnel de Dieu. J'ai beaucoup apprise et je n'oublierai jamais cette expérience. Après leur départ, je retourne à ce que je suis censé faire, passer du temps avec Dieu, prier, lire ma bible, jeûner, témoigner et aller à l'église. Dieu se servait de moi pour témoigner aux femmes dans le dortoir ainsi qu'au père de mon fils par téléphone ; Dieu me bénissait pour cela.

Je me souviens d'une dame du dortoir qui ne m'aimait pas, même si je ne lui avais jamais rien fait. Elle était jalouse de moi et le montrait. Elle ne me comprenait pas et me surveillait toujours. Sa couchette n'était pas loin de la mienne et elle riait et me scrutait. Elle faisait des blagues sur la Bible et me regardait en citant les Écritures à haute voix. Tout en nous regardant, son amie et moi, elle disait : "Tu dresses une table devant moi, en présence de mes ennemis, tu oins d'huile ma tête, ma coupe déborde". Elle se contentait de rire de moi ; je ne disais rien et me taisais. Elle savait que j'étais oint et ardent pour le Seigneur, et elle voulait l'être aussi.

Pas seulement elle, mais d'autres, pendant toute la durée de mon séjour en prison, ne m'aimaient pas parce qu'ils ne comprenaient pas la lumière. Ils vivaient encore dans les ténèbres et ne pouvaient pas comprendre que quelqu'un se donne entièrement à Dieu après avoir été condamné. Mais j'avais déjà donné ma vie à Jésus avant d'être condamné à la prison, mais alors que j'étais encore en prison. Certaines personnes ne pouvaient pas comprendre que notre vie ne nous appartient pas. Donc, même après avoir été condamnés, ils continuent à vivre et à se servir.

Vous vous rappelez que j'ai dit que Dieu m'a envoyé un signe que je partirai d'ici avant l'anniversaire de mon fils, en envoyant 3 personnes passer devant moi en souriant et en faisant un signe de la main et cela s'est produit exactement comme je l'avais prié ? Eh bien, ils ont appelé la liste des personnes à tirer les chaînes et oui, j'étais sur cette liste. Nous avons tous quitté la prison pour prendre le bus de transport vers Altus, OK.

Dieu avait déjà confirmé sa parole par un signe. Nous sommes donc arrivés sains et saufs. Ils nous enlèvent les menottes et les entraves et nous nous mettons en ligne. Ils appellent les noms pour s'assurer que tout le monde est là. Ils nous fouillent à nouveau, pour s'assurer que personne n'a de tige, de contrebande ou de substance illégale. C'est cool, tout le monde était bien. Ils nous ont demandé notre taille de vêtements et nous avons pu aller à la salle de bain, prendre une douche, nous changer et ensuite nous emmener à notre couchette.

La couchette du haut était à moi. Quand j'y suis monté, il y avait quelque chose d'inspirant à gauche et c'était mon signe de Dieu ; ce qui signifie que c'est là que je devais être. Je remercie Dieu pour les prières exaucées car cette dormeuse n'a trouvé aucun intérêt en moi ; elle n'était pas chrétienne. Elle était gentille, tranquille, restait seule, dirigeait un cours de danse, faisait beaucoup d'exercice, mangeait sainement, croyait en la forme physique, avait peu d'amis et n'était guère présente dans notre couchette. Elle restait absente, travaillait beaucoup et ne me dérangeait jamais. Elle ne m'a même jamais parlé. Comme je n'avais pas de téléviseur, elle me laissait utiliser le sien pour regarder la télévision chrétienne. Je regardais toujours Trinity Broadcasting Network (T.B.N.) et j'aimais ça. Je lui parlais et la saluais, et elle me répondait, mais c'était tout. Elle faisait son propre truc et ça ne me dérangeait pas. Elle savait que j'étais chrétienne dès le premier jour de notre rencontre, donc je sais qu'elle a été touchée par ma vie, mais elle préférait simplement ne pas communiquer avec moi. Elle semblait ne pas s'intéresser à Dieu, mais j'ai prié pour elle et j'ai remercié Dieu de l'avoir envoyée. Ce n'était pas du tout comme ma camarade de chambre précédente, dont j'ai dû prier pour m'éloigner.

Alors ici, dans ce nouvel endroit, quand c'est l'heure de l'église, il faut se pointer. Différentes églises venaient dans ce foyer de transition pour prendre ceux qui voulaient aller à leur église. Ils chargeaient tout le monde et nous emmenaient à l'église tous les dimanches. J'ai essayé plusieurs églises et j'ai beaucoup aimé la plupart d'entre elles. J'ai rencontré les pasteurs et j'ai eu du bon temps et tout.

JE ME SUIS ÉVADÉ DE PRISON

CHAPITRE
TRENTE-SEPT

BÉNIS POUR BÉNIR

Mon anniversaire approchait, et je me réjouissais d'avoir déménagé juste à temps. Mon fils venait aussi d'avoir son anniversaire. Il y avait toutes sortes d'événements de Noël, et on aurait dit que tous les deux jours, j'avais l'occasion de célébrer certaines des fêtes de Noël autour de mon anniversaire. Lors d'une fête de Noël, j'ai eu l'occasion de prêcher un peu au micro pour bénir tout le monde. L'un des membres du personnel a surgi de nulle part et a pris une photo de moi alors que je prêchais. Je l'ai encore aujourd'hui, LOL.

Ils ont également envoyé tout le monde travailler, mais à Altus, on travaillait mais on n'était pas payé. Au contraire, on avait l'occasion de s'éloigner de la maison pendant quelques heures. J'ai travaillé à trois endroits différents, à la bibliothèque avec deux autres femmes du centre de réinsertion. Nous nettoyions la bibliothèque ou ce que le patron nous demandait de faire. Nous avions également l'habitude d'accompagner le patron pour nettoyer d'autres endroits. J'ai également travaillé sur un chantier de construction, avec d'autres femmes de la maison, en compagnie de nombreux hommes. Ceux-ci ne me mettaient jamais vraiment au travail, mais ils faisaient presque tout le travail eux-mêmes. Je suppose que parce que nous sommes des dames, ils faisaient le travail eux-mêmes, du moins certaines d'entre nous étaient des dames, si vous voyez ce que je veux dire. Quelque temps après, ils m'ont transférée, pour je ne sais quelle raison, pour travailler avec les personnes âgées dans cet établissement ; j'étais chargée de les aider. On s'amusait un peu, on jouait, je parlais avec elles et je me souciais d'elles. À l'heure du déjeuner, je les aidais à porter leurs plateaux et à nettoyer. Durant tout le temps où j'étais là, je partageais ma foi en Dieu. D'une manière ou d'une autre, la superviseuse en a eu vent et m'a convoquée dans son bureau pour discuter avec moi. Elle m'a dit que je ne pouvais pas faire ça ici car c'était contraire à leur règlement. J'ai pensé que je ne faisais rien de mal. Je laissais ma lumière briller pour Jésus, partageant qu'il est bon.

Vous voyez, avant d'être sauvée, je vivais pour le diable et j'apportais l'obscurité partout où j'allais. Je racontais aux gens des choses négatives, et je pratiquais de mauvaises actions, mais depuis que j'ai été libérée, c'est ce que je faisais partout où j'allais. À mon retour à la maison, le responsable a été informé de ce qui s'était passé et il m'a fait venir dans son bureau pour me poser quelques questions. Je lui ai raconté ce que je croyais et d'où je venais dans la vie.

Dans Matthieu 10:17-20, la Bible dit : "Soyez sur vos gardes ; on vous livrera aux conseils locaux et on vous flagellera dans les synagogues. A cause de moi, on vous amènera devant les gouverneurs et les rois, pour leur servir de témoins, à eux et aux païens. Mais lorsqu'on vous arrêtera, ne vous inquiétez pas de ce que vous allez dire ni de la manière dont vous allez le dire. À ce moment-là, on vous donnera ce que vous devrez dire, car ce ne sera pas vous qui parlerez, mais l'Esprit de votre Père qui parlera par vous."

C'était une nouvelle occasion de partager ma foi avec le (roi) ou le responsable. Tel était mon témoignage, indépendamment de ce que j'avais fait pour en arriver là. J'étais chrétienne et fermement croyante, mais ils ne me croyaient pas à cause de mes paroles, mais ils observaient mon style de vie. C'était une maison de transition avec des chambres ouvertes et sans cellules. Ils observaient tout le monde et ont vu ma façon de vivre et je n'ai pas eu d'ennuis pour cela. Je n'avais plus de travail où aller, pour me tenir occupé, alors l'un des gardes de sécurité, M. Barton, m'a fait travailler dans la maison. Il était aussi chrétien et il partageait sa foi.

CHAPITRE
TRENTE-HUIT

ISAÏE 58

Je continuais à jeûner et à prier, peu importe où je me trouvais. Je payais la dîme et je donnais aussi. Je me souviens que le mercredi, les cuisiniers préparaient de bons biscuits, des saucisses et du jus de viande avec de la gelée et toute la maison dégageait une bonne odeur. Dieu m'incitait à renoncer à mon petit-déjeuner pour jeûner et prier. A plusieurs reprises, j'ai jeûné pour différentes raisons, pour mon fils, ma famille et moi-même. Une fois particulièrement, mon cœur était lourd pour ma mère, alors j'ai sauté le petit déjeuner et prié pour elle. Le jour suivant, après le jeûne, j'ai appelé ma famille, j'ai parlé à mon fils et je lui ai chanté une chanson.

J'ai aussi parlé à ma mère et j'ai découvert qu'elle était tombée dans son couloir et qu'elle n'arrivait pas à respirer pour une raison quelconque. C'était une crise de panique et ma petite sœur, Star, se trouvait là à ce moment précis. Elle a aperçu maman dans le couloir, sur le sol, haletant pour respirer. Elle a sauté à son secours et a commencé à lui faire un massage cardiaque, ce qui lui a sauvé la vie. J'étais reconnaissante à ma mère d'avoir survécu, car cela s'est produit le jour même où Dieu m'a incitée à ne pas prendre de petit-déjeuner, mais à jeûner et à prier pour ma mère. J'ai dit à ma mère que je l'avais aidée également parce que j'avais jeûné et prié pour elle, quand cela s'est produit, le même jour. Gloire à Dieu seul pour sa puissance.

Je lisais généralement Isaïe 58:1-12. Dieu me donnait ces poèmes à écrire, je les écrivais et je bénissais les femmes. Je les mettais sur leur lit. Quand elles les voyaient, elles les lisaient et me remerciaient. Mon ami chrétien blanc, que j'avais rencontré sur le chantier et qui s'appelait James, m'avait acheté et béni avec ce livre à lire de l'évêque TD Jakes intitulé "Woman Thou Art Loosed". J'ai aimé le lire sur ma couchette ; c'était une bénédiction.

CHAPITRE
TRENTE-NEUF

GLOIRE DE DIEU

L'heure de la crème glacée. Cette dame qui était là bien avant mon arrivée était un leader et de nombreuses femmes l'admiraient. Elle travaillait en cuisine et disait à tout le monde que Dieu l'avait délivrée de la prostitution dans la rue et de la drogue. Eh bien, tout le monde savait que le soir venu, si vous vouliez une glace, il fallait la payer. Vous vous dépêchiez de vous faufiler et de la manger juste là dans la cuisine ou vous l'emportiez dehors. Avec mon amie chrétienne, nous en avions acheté peut-être 2 ou 3 fois et nous parlions de Dieu. La dernière fois que nous en avons mangé, nous nous sommes sentis convaincus dans nos esprits à propos de la situation de la crème glacée. Nous nous sommes dit que nous n'allions plus en acheter. Nous ne voulions plus y prendre part car nous avions tort de la soutenir, et nous avons prié et demandé à Dieu de nous pardonner.

Elle était une très bonne amie chrétienne. Nous nous asseyions dehors, nous étudiions la Bible, nous priions et nous nous encouragions mutuellement. C'est le genre d'amis que je n'ai pas peur de fréquenter, mais bien sûr, tout le monde n'est pas comme ça. Ils ne connaissent pas encore le Christ et c'est ce dont ils ont besoin. Cette lumière. Je me contentais de rester dans mon coin, de m'occuper de mes affaires, de prier pour les gens, d'aller à l'église, de regarder des émissions chrétiennes et de me concentrer sur Dieu.

Certaines femmes me demandaient de prier pour elles. Lorsque je recevais du courrier et de l'argent, je mettais de l'argent de côté pour le donner à l'église. Elles nous emmenaient aussi à Dollar General pour qu'on achète des choses dont on avait besoin. Je n'ai jamais reçu de visites en dehors de la période où j'étais en prison. Les gens tiraient des chaînes certains jours et j'attendais mon tour parce que mes jours se raccourcissaient. Mon gestionnaire de cas me l'a dit et j'étais excitée à l'idée de partir bientôt pour retourner à Tulsa. Je pourrais voir mon fils, son père et ma famille.

Un jour, une de mes amies avait une dette d'argent envers une dame et elle n'avait pas l'argent pour la rembourser. Elle et quelques autres femmes étaient en colère contre mon amie. Je lui ai donné de l'argent pour la rembourser et tout a été résolu. Elle était là pour moi, et j'étais là pour elle. Elle n'était pas chrétienne, mais elle appréciait tout de même mon amitié et vice versa. Elle avait l'âge d'être ma mère ; une dame au cœur si doux.

JE ME SUIS ÉVADÉ DE PRISON

CHAPITRE
QUARANTE

FAITES CONFIANCE AU PROCESSUS

Ils ont appelé plusieurs de nos noms pour tirer des chaînes et partir. Dieu soit loué, j'avançais et mes jours diminuaient. Nous nous sommes rendus à la maison de transition Turley à Tulsa, et quand nous y sommes arrivés, j'ai vu beaucoup de dames que j'avais rencontrées en prison. Ils ont procédé aux fouilles de routine pour s'assurer que nous n'avions pas de contrebande ou d'objets tranchants dans notre inventaire et tout le reste. Les chambres ne comportaient pas de lits superposés dans les dortoirs. Quand j'étais là, il n'y avait que des lits simples, ce qui était encore mieux. Je ne souhaitais pas partager un lit avec qui que ce soit. J'ai passé mes appels téléphoniques qui étaient maintenant locaux et j'ai été approuvé pour mes visites. J'ai eu la chance de rendre visite à mon fils, de discuter et de prier avec lui ; le père de mon fils l'amenait le week-end. J'ai eu la chance de voir ma famille -

ma mère, mes tantes, mes sœurs, mes cousins et cousines, et la grand-mère de mon fils aussi. Elle venait m'apporter un plat de nourriture, de l'argent et les choses nécessaires.

Ils ont également donné à chacun 30 jours pour trouver un emploi. Dans cet endroit, on travaillait et on recevait un salaire. Je me suis inscrite à l'itinéraire et j'ai pris le bus de la ville pour trouver un emploi. On aurait dit que tous les jours quelqu'un revenait au centre avec la bonne nouvelle qu'il avait trouvé un emploi. Je priais et continuais à faire ce que je faisais toujours. Je me réveillais pour prier, passer du temps avec Dieu et servir les gens. Je jeûnais et j'assistais parfois à des groupes d'étude biblique lorsque différentes églises se rendaient au centre pour organiser un service dans l'une des salles. Je continuais à laisser briller ma lumière et à aller de l'avant. Je continuais à monter dans le bus afin de trouver un emploi, car la règle était que si vous n'étiez pas embauché dans les 30 jours, on vous renvoyait. Chaque jour, quelqu'un revenait en disant qu'il avait trouvé un emploi. Je me disais : "Dieu, ton fidèle serviteur a besoin d'un emploi, aide-moi Seigneur, guide-moi, dis au patron de m'embaucher". Je me sentais comme

David, mais une femme, selon le propre coeur de Dieu, appelée au ministère, ointe, bénie et hautement favorisée. Je suis toutes tes voies, Dieu ne vois-tu pas ce qui se passe ?

Au fil des jours, les femmes me regardaient. Elles savaient que j'étais bénie. J'avais l'impression qu'elles disaient : "pourquoi n'a-t-elle pas encore de travail ? où est son Dieu ?". Alors, je continuais à remplir l'itinéraire chaque jour et à chercher du travail, mais je n'étais toujours pas embauchée. Mais je gardais la foi qu'il ne m'avait pas abandonnée. Il a dit : "Il ne me quittera jamais et ne m'abandonnera pas." Hébreux 13:5.

Environ 99% des emplois étaient des postes de restauration rapide ou de restaurant, mais personne ne s'en souciait vraiment. Ça restait un travail et on était payé, en plus on n'était pas renvoyé. Ce n'est pas comme si nous n'avions jamais travaillé dans un fast-food de notre vie. Je suis montée dans le bus, j'ai prié et j'ai été amenée à me rendre dans ce Sonic pour parler au directeur. Le jour même, j'ai eu un entretien et j'ai été embauchée. Gloire à Dieu ! Oui, Gloire à Dieu ! Dieu, je bénis ton nom ! Alléluia Jésus ! J'ai loué le Seigneur en le remerciant de ne pas être venu au moment où je le voulais, mais il était à l'heure.

Je suis revenue en disant au personnel et à tout le monde que j'avais trouvé un emploi. Dieu testait ma foi afin de voir où j'en étais avec Lui. Il voulait savoir si j'allais arrêter de passer du temps avec Lui et de parler de Lui aux gens. J'ai été testé pour voir si j'allais abandonner Dieu, retourner à mes anciennes habitudes, me battre avec quelqu'un et m'enfuir de cet endroit. Ma véritable foi était mise à l'épreuve, même si cette épreuve à laquelle je faisais face était irritante et déroutante, j'ai gardé la foi. J'ai continué à prier, à confesser la parole et à combattre le bon combat de la foi. J'ai continué à persévérer, peu importe ma situation, et je savais simplement que mon tour viendrait, et que Dieu toucherait le cœur de quelqu'un pour qu'il me regarde avec faveur et m'engage. J'ai fait confiance au processus et cela a porté ses fruits. La Bible dit dans Hébreux 11:1 : "Or la foi est la substance de ce qu'on espère, la preuve de ce qu'on ne voit pas." Le Psaume 61:1 dit : "Écoute mon cri, ô Dieu, sois attentif à ma prière. Dieu fera aussi savoir à tous ceux qui ne vous aiment pas ou ne vous reçoivent pas qu'il est de votre côté." Le Psaume 35:19 dit : "Que ceux qui sont mes ennemis ne se réjouissent pas injustement à mon sujet et que ceux qui me haïssent sans raison ne clignent pas de l'œil." J'ai donc commencé mon nouveau travail chez Sonic et j'ai travaillé à l'intérieur pendant un certain temps. Après avoir fait un bon travail à l'intérieur, ils m'ont transféré à l'extérieur où je pouvais être un "car hopper"; je pouvais avoir des pourboires.

JE ME SUIS ÉVADÉ DE PRISON

CHAPITRE
QUARANTE ET UN

MÊME SI JE TOMBE, JE ME RELÈVERAI

Je souhaitais posséder ma propre télévision, pour ne pas avoir à regarder celle des autres. J'ai travaillé pour mettre de l'argent de côté afin d'acheter une télé et de faire des courses à Walmart. J'allais à l'église, je suivais mon itinéraire normal, je recevais mes visites et tout le reste. Un jour, alors que j'étais au travail, ce sans-abri vient s'asseoir dehors et appuie sur le bouton pour avoir de l'eau ; la patronne était de service ce jour-là. Elle agissait comme si elle ne pouvait l'aider en rien et disait des choses négatives sur lui. Lorsque je suis sortie pour lui donner de l'eau, je lui ai aussi offert quelque chose à manger et je l'ai payé. Je lui ai dit que Dieu te bénit et que Jésus t'aime. La patronne et d'autres personnes regardaient et ont trouvé que c'était un beau geste de ma part.

La fois suivante, lorsqu'un sans-abri est arrivé, la patronne était là et a décidé de lui donner de la nourriture. Je me disais que j'avais eu un impact. Elle lui a appris qu'au lieu de les juger et de dire du mal d'eux, il valait mieux les aider. Donnez-leur quelque chose à manger et partagez avec eux les Proverbes 22:9 qui disent : "Celui qui a l'œil généreux sera béni, car il donne de son pain aux pauvres". Après cela, je poursuis ma routine quotidienne. Je me lève pour passer du temps avec Dieu, prier, témoigner aux gens, aller à l'église, et même témoigner à certains membres du personnel, ceux que cela ne dérangeait pas. Ils savaient que Dieu était bon et ils ne pensaient pas être meilleurs que moi.

Un jour, je suis rentrée du travail avec plus d'argent que je n'étais censé en avoir sur moi. Je comptais sur mon lit dans mon dortoir et cette dame dont le lit était en face du mien me regardait avec mon argent. Je me réjouissais à l'idée d'acheter un téléviseur, de commencer à regarder TBN et d'être encouragée par tous les prédicateurs qui passaient pour exercer leur ministère. C'est tout ce que j'essayais de faire. Je suppose qu'elle pensait que j'essayais de devenir riche en travaillant chez Sonic. Elle a parlé de moi au personnel derrière mon dos, mais ils m'ont dit que oui, je pouvais acheter un téléviseur. Nous avons prié ensemble dans le grand gymnase, mais je savais que cette dame ne m'aimait vraiment pas.

Un jour, cette dame me coiffait très joliment ; elle souhaitait me bénir. La même dame qui avait agi dans mon dos est venue nous regarder fixement et m'a demandé si je l'avais payée ou si elle m'avait coiffée gratuitement. Je savais qu'il se passait quelque chose avec elle. Elle me semblait un peu étrange, mais je l'ignorais, nous parlions et je pensais que tout allait bien entre nous. Elle avait beaucoup de choses à faire dans sa vie et portait tous ces poids en tant que chrétienne ; elle était encore prisonnière de son passé. Alors elle recommence à me dénoncer dans mon dos. Ils sont venus fouiller mon casier, m'ont fouillé, ont pris mon argent et maintenant j'ai des problèmes. Tout ça derrière une femme qui, après tout ce temps, a fait semblant de m'aimer. Je ne savais pas qu'elle avait eu des problèmes à son travail et qu'elle attendait maintenant d'être renvoyée en prison.

Elle est toujours là, à la maison, et tout d'un coup, ils l'ont renvoyée dans la cour. Alors maintenant, j'attends qu'ils terminent le processus de renvoi pour moi aussi. J'ai téléphoné à la maison et j'ai informé tout le monde de ce qui se passait. C'était dévastateur pour moi, car j'étais censée rentrer à la maison bientôt. Le personnel m'a dit que je pouvais acheter un téléviseur avec mon propre argent pour lequel j'ai travaillé, mais ils ont dit que j'avais plus d'argent que ce que je devais avoir. Ils ont compté et j'avais 150 $; ils ont pris mon argent et ne me l'ont jamais rendu. Je pense que le personnel de cet établissement a participé à un crime en volant l'argent que j'avais gagné légalement. Ils ont menti et n'ont jamais mis l'argent sur mes livres pour l'économat lorsque je suis arrivée au prochain établissement afin que je puisse acheter les choses dont j'avais besoin. Je voulais tout simplement aller faire des courses à Walmart pour acheter un téléviseur et quelques articles. Je me suis dit que si je ne voulais pas de T.V., tout irait bien. Donc, après toute ma paperasse et après que j'ai été reconnu coupable, ils m'ont expédié à la prison du comté de Creek. Je me suis dit, oh bien, c'est ma faute, donc le comté de Creek me voilà.

Bien que cette chose horrible me soit arrivée alors que j'étais sur le point de sortir, je tenais à ce que Jésus sache que je l'aimais toujours. Je lui montrerai encore que je ne pouvais rien faire d'autre que de continuer à servir Dieu. J'ai été trahie par une soi-disant sœur en Christ, qui depuis le début me détestait. J'étais tombée, mais le Seigneur était là pour me relever. Même si je tombe, je me relèverai. Je savais que c'était un dur voyage en arrière, mais Jésus était avec moi parce que je le suivais.

Proverbes 24:16 dit : "Car le juste tombe sept fois et se relève, tandis que le méchant tombe dans le malheur." Je ne suis pas parfaite mais je m'efforce d'atteindre Sa perfection. Maintenant, je suis à la prison du comté de Creek pour environ 3 semaines en attendant un lit à la prison Eddie Warriors. Peu importe ce qui m'attendait, j'ai continué à prier, à lire ma Bible, à l'adorer, à témoigner aux gens de la bonté de Dieu, malgré ma situation, à sauver des âmes et tout ce que Dieu m'a conduit à faire. J'ai rencontré quelques dames et j'ai partagé ma foi. Certaines recevaient, d'autres non. Matthieu 10:13-14 déclare : "Si la maison est méritante, que votre paix repose sur elle ; si elle ne l'est pas, que votre paix revienne à vous. Si personne ne veut t'accueillir ou écouter tes paroles, quitte cette maison ou cette ville et secoue la poussière de tes pieds." Donc, vous voyez, j'allais et je faisais ma part pour exercer le ministère auprès de différentes femmes, mais ce n'est pas sur moi si elles rejetaient l'évangile.

Lorsque les dames venaient dans la petite salle pour l'église, j'allais les écouter et recevoir ce qu'elles me disaient de recevoir. Une dame m'a parlé de manière prophétique, elle m'a dit de me voir faire ce que dit Esaïe 61:1-4 et j'ai accepté. Je me suis accrochée à ma foi, j'ai été encouragée par la possibilité de regarder la télévision chrétienne, tous les prédicateurs célèbres passaient à la télévision, notamment le pasteur Paula White, qui passait tôt, ainsi que d'autres. Je n'avais pas de dortoir, donc je n'avais pas à m'inquiéter de cela non plus, je téléphonais, je dormais, je me levais et je partageais ma foi avec une fille qui était sous protection des témoins. J'ai également lu un livre de Mike Barber Prison Ministries où son témoignage m'a beaucoup encouragé.

Dans la cour de la maison de transition de Turley avec ma soeur, Star et ma cousine Jerishia. Elles m'ont rendu visite et m'ont apporté quelque chose à manger.

… JE ME SUIS ÉVADÉ DE PRISON

CHAPITRE
QUARANTE-DEUX

PRISON D'EDDIE WARRIOR

Un jour, ils ont appelé certains de nos noms pour aller à Taft, OK pour aller à Eddies. Nous y sommes arrivés, ils ont enregistré tout le monde et m'ont assigné à mon module et à ma couchette. Oui, j'avais une dormeuse, elle était plus âgée, blanche, gay, et gentille avec moi. Elle ne m'a jamais dérangé ou aimé de cette façon. Elle respectait mon style de vie chrétien et s'occupait uniquement de ses affaires. Cela ne lui posait aucun problème que je prenne mon temps de prière ou que j'utilise une petite partie de sa couchette inférieure pour me prosterner devant Dieu et prier chaque jour. Alors, j'ai remercié Dieu pour elle. Il m'a toujours béni avec ce dont j'avais besoin et, bien entendu, elle était également incluse dans mes prières. J'ai rencontré des femmes de Dieu là-bas et nous avons appris à nous connaître, à partager notre foi et à nous encourager les unes les autres.

J'ai également insisté pour que nous nous retrouvions toutes dans la cour pendant une semaine environ, à une heure précise, pour nous rassembler et prier. Dieu nous a bénis pour cela. J'avais rempli une demande pour travailler à la cuisine et j'ai été approuvée. Je travaillais du mardi au samedi de 10 h à 18 h pour préparer le déjeuner et le dîner, ce qui m'occupait. J'allais aussi à l'église. J'aimais aller adorer le Seigneur et recevoir la parole. Quelquefois, après avoir libéré le temps de comptage et nous avoir libérés pour aller à l'église, certains d'entre nous faisaient la course jusqu'à la chapelle. C'était amusant et on riait beaucoup. Il nous arrivait, à mon ami et moi, de ne pas manger le dîner, de jeûner et de prier dans la cour. Une fois que nous avions terminé, certaines dames venaient nous dire qu'en passant devant nous, elles avaient senti la présence de Dieu.

CHAPITRE
QUARANTE-TROIS

JÉHOVAH RAPHA (LE DIEU QUI GUÉRIT)

Je priais pour différentes femmes qui venaient me voir. Je les menais au salut, et je priais pour la guérison de leur corps. Je priais pour leurs familles, afin qu'elles obtiennent de l'argent pour leurs livres, une visite, ou une restauration et plus encore.

Une fois, cette dame était dans mon dortoir et alors que nous étions dans l'enceinte, elle se mit à me dire qu'elle avait eu un accident de voiture il y a quelques années et que son corps lui faisait encore mal. J'ai prié pour sa guérison, je lui ai imposé les mains et prononcé la parole de Dieu concernant la guérison pour elle. La prochaine fois que je l'ai vue, elle a témoigné que Dieu l'avait guérie. Elle n'avait plus de douleur ; nous nous sommes tous deux mises à louer Dieu pour ce qu'il avait fait. Je faisais ce que la dame avait prophétisé qu'elle m'avait vu faire dans la prison du comté de Creek pendant qu'elle était à l'église. Je construisais, relevais, réparais les gens par la puissance de Dieu. Esaïe 61 dit : "Ils rebâtiront les ruines anciennes et restaureront les lieux longtemps dévastés ; ils renouvelleront les villes en ruine."

Une fois, il y avait deux femmes chrétiennes qui possédaient un amour pour Dieu que j'admirais. Elles allaient à l'église et nous parlions des choses de Dieu mais elles étaient un peu trop proches ; elles traînaient beaucoup trop ensemble. Dieu s'est servi de moi pour exercer un ministère à leur égard et leur dire de ne pas passer autant de temps les unes avec les autres. De ne pas permettre au diable de les dépouiller de leur identité, de ce à quoi elles appartiennent en Christ et non en elles-mêmes. Je leur ai dit qu'elles avaient besoin de passer beaucoup de temps seules avec Dieu et non les unes avec les autres comme elles le faisaient. Nous avons donc discuté de la question et elles ont décidé de cesser de se soumettre les unes aux autres et de passer plus de temps avec Dieu. Dieu m'utilisait dans un but précis et ce n'était pas encore le moment de me libérer. Ce que le diable avait prévu pour le mal, Dieu l'a retourné en ma faveur. Les gens étaient sauvés, guéris et délivrés. Dieu m'a fait évangéliser dans tout le complexe. Parfois, je me retrouvais seule ou avec une autre amie chrétienne. Plusieurs femmes ont été baptisées avec le don de parler en langues, elles ont été guéries et libérées. Il utilisait ma vie pour amener une restauration dans la vie de ces femmes. Il y avait des centaines de personnes, mais ma mission était importante. Pendant tout ce temps, depuis la prison et jusqu'à la fin, je faisais ce qu'on me demandait de faire. Esaïe 1:19-20 dit que "Si vous êtes volontaires et obéissants, vous mangerez les bonnes choses du pays ; mais si vous résistez et vous révoltez, vous serez dévorés par l'épée." Car la bouche de l'Éternel a parlé."

J'avais été libéré et oint pour faire le travail de Dieu. Peu importe comment je me sentais, quels démons, diables ou circonstances j'affrontais, j'avais le pouvoir de les traverser grâce à l'esprit du Dieu vivant. Je n'allais pas revenir à mes anciennes habitudes.

JE ME SUIS ÉVADÉ DE PRISON

CHAPITRE
QUARANTE-QUATRE

VICTORIEUSE

Alors que je travaillais dans la cuisine, j'ai témoigné de Dieu à une dame. Elle s'est mise en colère contre moi car j'étais très claire sur ce que je lui disais sur sa vie. Elle était peu réceptive à la vérité et m'a jeté une tête de chou que nous préparions pour le dîner. Je n'ai pas eu mal du tout, mais Dieu m'a empêché de réagir avec fureur et de lui arracher la tête. Il m'a dit que la bataille n'était pas terminée. C'est Dieu qui m'enseignait encore mes armes spirituelles, pas mes armes physiques. Je sais déjà exactement comment les utiliser mais maintenant bien plus profondément dans le royaume des esprits. Elle a fini par avoir des problèmes et ils ont changé mes heures de travail.

J'ai appris Exode 14:14, "L'Éternel combattra pour toi ; tu n'as qu'à te tenir tranquille." Dieu m'a dit de pardonner. Je ne souhaitais pas que l'ancienne moi interrompe tout ce que Dieu faisait en moi et à travers d'autres femmes. Je me souciais davantage de plaire à Dieu que de me plaire à moi-même. J'ai été renvoyée pour avoir un impact, puis à partir de là, sortir et rentrer à la maison. Pas pour tabasser des gens et me faire inscrire sur une mauvaise conduite et être envoyée au trou pendant des mois. Il m'a dit 2 Corinthiens 12:9 qui dit, "Ma grâce te suffit, car ma puissance s'accomplit dans la faiblesse. C'est pourquoi je me vanterai d'autant plus volontiers de mes faiblesses, afin que la puissance du Christ repose sur moi." Ma foi était réellement mise à l'épreuve. La chair souhaitait que j'abandonne, mais l'esprit de Dieu me disait : "Tout comme j'ai géré toutes tes autres batailles, je vais gérer celle-ci aussi." Je n'avais pas à le faire, car Dieu s'en chargeait. Je prenais mes moments de tête-à-tête avec Dieu, et je me réjouissais de sa présence. Je pensais qu'il m'avait vraiment donné la victoire et je l'adorais sur ma couchette supérieure en levant mes mains saintes, en le remerciant et en lui chantant de ne pas laisser mes ennemis triompher de moi. Éphésiens 6:12 déclare: "Car notre lutte ne se livre pas contre la chair et le sang, mais contre les dominations, contre les autorités, contre les puissances de ce monde de ténèbres et contre les forces spirituelles du mal dans les royaumes célestes."

J'ai dû apprendre que j'avais besoin des méthodes de Dieu pour faire face aux choses qui me contrariaient, car je viens d'une famille qui se disputait tout le temps. Ma gestionnaire de cas me parlait et me faisait savoir que je faisais du bon travail. Au point qu'ils avaient déduit quelques jours de ma peine pour avoir été sage, avoir continué à faire du bon travail et avoir atteint le plus haut niveau de badge. Il me restait tant de mois avant d'être libérée. Ma gestionnaire de cas, Mme Blackburn, m'appelait un rayon de soleil lorsqu'elle me voyait marcher dans l'enceinte de la prison ; je lui donnais toujours le sourire. Donc, j'étais vraiment encouragée et j'attendais patiemment de sortir.

JE ME SUIS ÉVADÉ DE PRISON

CHAPITRE
QUARANTE-CINQ

LE GRAND TEST

Je me souviens d'une fois où nous attendions qu'ils libèrent le comptage pour que nous puissions aller à l'église ; Redeeming Love Prison Ministries était présent sur place. Ils étaient prêts à adorer Dieu en notre compagnie et à délivrer la parole pour la nuit. Certains d'entre nous n'ont pas pu y aller parce qu'ils ont appelé nos noms pour nous conduire au sous-sol pour un test de dépistage de drogues et, pour une raison étrange, j'ai été choisie.

Un grand nombre de personnes échouaient aux tests et lorsque mon tour est arrivé, le test indiquait que j'avais également échoué. Je ne me suis pas inquiétée car Dieu savait que je n'avais rien pris. Ils le savaient aussi, mais je ne pouvais pas en dire autant de tous les autres. J'étais sauvée, sanctifiée et remplie du précieux Saint-Esprit, j'étais innocente et je n'ai rien fait que je ne devais pas faire. Je vivais pour Dieu et j'entraînais les autres sur cette même voie.

Alors, tout le monde me regardait et me demandait ce que nous allions faire ; ils paniquaient. J'ai simplement dit : "Faites confiance à Dieu si vous n'êtes pas coupable, faites-lui confiance". Les agents de sécurité ont dit que nous étions tous coupables car les tests le confirmaient. Ils ont inscrit tout le monde sur une mauvaise conduite et m'ont retiré mon travail et tout le reste. Je continuais à faire confiance à Dieu pour me tirer de cette mauvaise situation. Ils m'ont confiné à mon lit, ce qui signifie que je n'ai pas pu aller ailleurs que dans la cuisine pour manger, prendre une douche, utiliser la salle de bain et retourner à ma couchette.

J'étais confuse. Les gens savaient que j'étais innocente à cause de la vie que je menais. Ma vie était clairement vue par des centaines de femmes, y compris le personnel, dans un dortoir ouvert, et les gardes de sécurité aussi. Je n'ai pas mangé, j'ai jeûné et prié. Je suis restée sur mon lit, je me suis entièrement recouverte de mes couvertures et je ne voulais regarder personne.

Je suis restée ainsi pendant 3 ou 4 jours, priant pour que Dieu me délivre de cette dévastation. Je savais qu'ils donnaient votre travail à quelqu'un d'autre si vous n'étiez pas de retour dans le délai imparti. Ainsi, à la fin de la semaine, le garde de sécurité est venu frapper à ma couchette en appelant mon nom et en disant que tu n'étais plus soumise à des restrictions. Tu as toujours ton travail et ils ont jeté tes papiers de mauvaise conduite. Les tests étaient faux parce qu'ils ont été laissés dans le sous-sol où la température des tests n'était pas propice à un résultat correct.

J'étais heureuse et reconnaissante. Je me suis réjouie. Dieu m'a redonné le sourire et a relevé mon visage. Il m'a délivré une fois de plus. Ma foi a de nouveau été mise à l'épreuve. Je n'ai pas maudit Dieu et ne lui ai pas tourné le dos, mais je suis restée fidèle. Dieu m'a béni et a renforcé ma marche avec Lui à travers (la grande épreuve). Il a répondu à mes prières et a transformé le cœur des agents de sécurité pour qu'ils disent la vérité sur la situation. Je suis convaincue qu'en raison de ma relation avec Dieu, les vrais trafiquants de drogue ont été libérés grâce à moi. Louons le Seigneur, il est bon, et il est un puissant libérateur.

Ma foi a été mise à l'épreuve, et je suis restée fidèle à Dieu au beau milieu de la tempête. Psaumes 27:5-9 dit : "Car au jour de la détresse, il me protège dans sa demeure, il me cache à l'abri de sa tente sacrée, il me place sur un rocher. Alors ma tête s'élèvera au-dessus des ennemis qui m'entourent. Dans sa tente sacrée, je sacrifierai en poussant des cris de joie, je chanterai et je ferai de la musique pour l'Éternel. Entends ma voix quand je crie, Seigneur ; sois miséricordieux envers moi et réponds-moi. Mon coeur dit de toi : "Cherche sa face !" Ton visage, Seigneur, je le chercherai. Ne me cache pas ta face, ne repousse pas ton serviteur avec colère ; tu as été mon aide. Ne me rejette pas et ne m'abandonne pas, Dieu mon Sauveur."

Dieu a dit que jamais il ne me quitterait ni ne m'abandonnerait, qu'il serait à mes côtés et qu'il me donnerait la victoire sur mes ennemis. J'ai continué à travailler, à aller à l'église, à servir les gens et à passer du temps avec Dieu. Je me suis mis à genoux devant Dieu et j'ai prié sur le lit du bas de ma couchette. J'ai laissé ma lumière briller dans l'obscurité, pour mener à bien l'œuvre de Dieu. C'est pourquoi on avait grandement besoin de moi là-bas. Je n'étais pas timide ou effrayée de vivre pour Dieu et de parler aux autres de sa bonté ; j'étais audacieuse. Matthieu 5:16 dit : "De même, que votre lumière brille aux yeux des autres, afin qu'ils voient vos bonnes actions et glorifient votre Père qui est dans les cieux." J'ai aussi été encouragée en écoutant mon réseau radio oasis où beaucoup de chrétiens célèbres viennent à la radio pour enseigner la parole de Dieu. J'écoutais beaucoup et j'apprenais; j'adorais ça. Une fois, dans la cour, un groupe d'entre nous travaillait et parlait. Il y avait quelques abeilles près de nous et je n'ai pas bronché ou quoi que ce soit. Une des dames a hurlé très fort tout en combattant les abeilles en disant que j'étais folle parce que je n'avais pas bronché. Eh bien, j'avais la foi que les abeilles n'allaient pas me piquer. Cela m'a rappelé ma foi en Dieu, que peu importe la distraction, le bruit ou les problèmes rencontrés, Dieu me gardait au milieu de tout cela, aussi longtemps que je le lui permettais.

JE ME SUIS ÉVADÉ DE PRISON

CHAPITRE
QUARANTE-SIX

L'ANNÉE DE SORTIE

Je continuais à servir Jésus et mes jours étaient décomptés. J'étais de plus en plus excitée et j'étais prête à voir mon fils et sa famille. Je n'avais jamais reçu de visite, excepté lorsque j'étais sur place. Ma gestionnaire de cas m'a convoquée dans son bureau pour examiner mon dossier et m'a dit qu'il était temps d'être libérée. Elle a insisté pour que je passe quelques coups de fil afin de voir si je pouvais me faire raccompagner chez moi, si quelqu'un pouvait venir me chercher.

Comme ce n'était pas possible, elle m'a donné une carte de bus à la place et a pris des dispositions pour que je puisse partir. Mon groupe d'amis chrétiens était enthousiaste à l'idée que je parte, mais en même temps, c'était un moment triste. Des larmes de joie ont été versées en raison de l'impact puissant que j'ai eu. J'étais différente et on ne m'oubliera pas.

Durant les 8 ou 9 mois que j'ai passés là-bas, mon seul ami a fait un beau dessin pour moi et tous les autres l'ont signé ; il contenait des écritures pour m'encourager. Le lendemain matin, ils ont appelé mon nom pour me libérer. J'ai donné toute ma cantine pour bénir les autres afin qu'ils aient un supplément de nourriture.

Je me suis changée en vêtements de ville et j'ai pris le bus pour me rendre chez ma mère où j'ai retrouvé mon fils et ma famille. Je suis retournée chez le père de mon fils et nous avons essayé d'arranger les choses. Avec ce tout nouveau moi, cela ne faisait même pas un an et je ne pouvais pas supporter et accepter les nombreuses choses qui se passaient avant même mon retour à la maison. Alors, je suis partie vivre avec ma mère. Je me suis trouvée un emploi pour aider à subvenir aux besoins de mon fils. Peu de temps après, j'ai rencontré cet homme merveilleux qui a apporté de la joie dans ma vie et m'a appris des choses sur la vie à un tout autre niveau.

Nous étions comme deux petits pois dans une gousse. Il m'a posé la question et j'ai dit oui ; nous nous sommes fiancés. Quelques années plus tard, l'occasion s'est présentée et nous nous sommes mariés.

Maintenant, je vis plein d'amour, de joie, de rires et de beaux sourires avec notre famille de 12 ans et demi - Keorri, Kaitlyn, Mathew, Kelsey et Kaylee (MaMa).

Cherchez le Seigneur dans tout ce que vous faites, et Dieu vous fera prospérer. Je vous aime tous, que Dieu vous bénisse. Je tiens à partager ceci: pendant mes trois années d'emprisonnement, lorsque j'ai donné ma vie à Jésus-Christ, celui-ci m'a appris à rester spirituellement forte en lui en m'accrochant à ma foi, quels que soient les démons contre lesquels je devais me battre.

Il m'a appris que je n'avais pas besoin de poser mes mains physiques sur qui que ce soit pour remporter le combat, car le combat est celui des Seigneurs. Il m'a appris à me prosterner devant Lui à genoux, avec les mains en guerre dans la prière. Il m'a appris à me prosterner devant lui à genoux avec les mains en signe d'adoration, et c'est grâce à la louange et à la prière par l'esprit que je gagne. C'est aussi en pardonnant, en aimant et en bénissant mes ennemis que je gagne mes batailles. Vous ne gagnez pas avec un combat physique, vous gagnez avec l'amour, la dignité, l'intégrité et la morale de Dieu.

Il m'a également appris que je ne suis pas parfaite (je ne suis pas un robot) et que chaque fois que j'échoue, il me relève. Chaque fois que j'ai souffert et que je suis passée par là, même si j'ai fait marche arrière, d'autres âmes avaient besoin de moi ; tout cela fonctionnait pour mon bien et mon bénéfice. Romains 8:28 dit : "Et nous savons qu'en toutes choses Dieu travaille pour le bien de ceux qui l'aiment, qui [je] ont été appelés selon son dessein." Je ne sais pas où j'aurais été ou fait sans que Dieu tout-puissant ne veille sur moi. Certaines personnes sortent de prison vivantes, malheureusement d'autres meurent. Le Psaume 142:7 dit : "Libère-moi de ma prison, et je louerai ton nom. Alors les justes s'assembleront autour de moi, à cause de ta bonté envers moi." Ce n'est que lorsque j'ai touché le fond que j'ai découvert que j'étais forte.

Que peuvent me faire les simples mortels quand Dieu est de mon côté. Vous pouvez toujours être en prison à l'intérieur, mais libre dans ce monde. Alors, choisissez la vie. Ne jugez pas un livre à sa couverture, avant de l'ouvrir et de le lire, vous ne savez jamais comment la vie de quelqu'un peut miraculeusement changer. Chacun de nous a une histoire à raconter, que ce soit un roman, une fiction, une biographie, une histoire privée ou publique. Je pensais que mon histoire était privée, mais lorsque le Saint-Esprit a commencé à me conduire à la partager avec le monde, j'ai réalisé que toute la douleur, la souffrance et les épreuves que j'ai traversées ne concernaient pas vraiment ma personne. Le but était d'aider d'autres femmes et hommes à être sauvés, libérés, guéris, délivrés et restaurés. Ce livre est basé sur mon histoire vraie, inspirée par Dieu et écrite à partir de moi-même. Je prie pour que mon témoignage vous apporte du soleil et qu'il bénisse d'innombrables vies.

JE ME SUIS ÉVADÉ DE PRISON

MESSAGES INSPIRÉS

Fais tout le bien que tu peux, par tous les moyens que tu peux.
De toutes les manières que tu peux, en tous lieux que tu peux;
à tous les moments où tu le peux, à toutes les personnes que tu peux;
Aussi longtemps que possible

~ John Westly

Rien n'est gravé dans la pierre ; tu peux tout changer dans ta vie si tu en as envie !

La douleur et la souffrance sont porteuses de nombreuses bénédictions !

Pour porter l'onction, les olives doivent être écrasées afin de récolter l'huile !

Un individu qui surmonte tout ce qui est destiné à le détruire revêt un aspect particulier.

Peu importe qui tu étais avant. Ce qui compte, c'est ce que tu es devenu.

Il est difficile de battre une personne qui n'abandonne jamais.

~ Babe Ruth

On ne sait jamais à quel point on peut être fort jusqu'à ce qu'être fort soit le seul choix que l'on ait.

~Inconnu

Il n'y a jamais un moment dans le futur où nous accomplirons notre salut, le défi est dans le moment présent, le moment est toujours maintenant.

~James Baldwin

Le diable a été incapable de te vaincre, alors il tente de t'épuiser. Ne te fatigue pas, tiens bon car le vent va tourner en ta faveur !

Dieu te dit aujourd'hui "Tu vas te sortir de cette situation !"

Je vous prophétise aujourd'hui que Dieu est sur le point de vous emmener dans sa grandeur.

~ Raittia Rogers

La vie nous sert des citrons et c'est ainsi que nous produisons de la limonade. L'important n'est pas ce qui nous arrive dans la vie, mais plutôt ce qui se passe à l'intérieur de nous.

À PROPOS DE L'AUTEUR

J'ai été diplômée de trois écoles bibliques différentes, j'ai suivi cinq ans de formation biblique et j'ai passé un an au Holy Spirit Bible College. C'est là que j'ai été ordonnée en 2007- 2008, en la présence de ma famille et de mes amis, par la fondatrice Révérende Patti McClurg. Je suis allée 2 ans au Harvest Time Prayer Ministry Bible College of Intercessory Prayer de la fondatrice Pastor Debra Moore de 2014-2015, 2015-2016. 2 ans au Tulsa Dream Center avec Victory Bible Institute de 2015-2016, 2016-2017 avec les directeurs Ralph et Joyce Beard.

J'ai servi au centre de détention juvénile ; le même où j'étais au ministère et au partage de mon témoignage à 60 à 70 jeunes en 2009. J'ai reçu le badge Doc il y a 10 ans et je suis retournée dans les mêmes prisons pour prier, servir, prêcher et partager mon témoignage. Sharla Yoder, la fondatrice de Redeeming Love Prison Ministries (RLPM), m'a demandé de participer à son émission télévisée en 2011 pour y partager mon témoignage avec d'autres anciens détenus. Actuellement, je travaille dans les prisons en tant qu'ambassadrice. C'est ainsi que j'ai commencé à aller faire du bénévolat au Turley Correctional Center, une prison de transition pour femmes, pour animer des services religieux avec les femmes et partager mon témoignage. En 2013 et des années plus tard, je me suis finalement mise à leur servir de la nourriture et à leur donner des sacs à anges remplis de produits de première nécessité avant leur fermeture.

En 2014, je me suis mise à prêcher aux personnes âgées dans les maisons de retraite, et la même année, j'ai commencé à exercer mon ministère auprès des sans-abri. Au début de 2015, on m'a demandé d'être le pasteur adjoint de l'église de mon oncle et d'aider au pastorat du troupeau. Après près d'un an plus tard, j'ai été conduit à me lancer dans mon propre ministère pour me focaliser sur mon travail d'évangélisation. J'ai maintenant une organisation à but non lucratif qui a été créée en 2017, Raittia Rogers Evangelism Ministries, Inc.

Je suis une épouse, une mère, un entrepreneur, un auteur, un ministre ordonné, un conférencier, un catalyseur de collecte de fonds et un

À PROPOS DE L'AUTEUR

Évangéliste itinérant. Je mène une campagne pour le projet "Angel Bag", au cours de laquelle je m'occupe des sans-abri et organise des services mensuels au centre de jour de Tulsa, où j'ai vécu à l'âge de 16 ans. J'aide les sans-abri dans les rues - je prêche, je prie, je dirige le culte, je sers de la nourriture, je donne des vêtements, des chaussures, des sacs d'ange et divers dons. Chaque mois, mon ministère adopte également deux familles en s'adressant aux projets dans lesquels j'ai vécu. Nous offrons aux enfants ainsi qu'à leurs familles de la nourriture, des vêtements et des produits de première nécessité pour les aider à tenir jusqu'à la fin du mois. J'organise également un événement annuel de rentrée des classes dans le quartier nord de Tulsa, "Doing good in the Hood". Les enfants dans le besoin y reçoivent gratuitement des sacs à dos, des fournitures scolaires, un barbecue, des hot-dogs, des chips, des sodas, des bonbons et bien plus encore. En outre, lorsque le ministère est en mesure de le faire, je reverse une partie de nos collectes de fonds pour venir en aide aux familles victimes d'inondations, de tornades, d'incendies et autres. Ce ministère a même aidé trois familles à payer leurs factures d'électricité et a contribué à sauver la maison d'une famille en l'aidant à payer son hypothèque.

J'élabore également d'autres projets afin de servir davantage la communauté. En outre, j'ai eu ma propre émission de télévision ; j'ai prêché l'Evangile à des centaines de personnes pendant environ un an sur la chaîne 16 du réseau TV Joyful Noise à Muskogee et Wagoner, Oklahoma, sous la direction du pasteur Anthony Wooden. Je continue à servir le Seigneur et je cherche d'autres endroits pour prêcher l'Évangile de Jésus-Christ. N'hésitez pas à me contacter et à me faire savoir comment ce livre a béni votre vie. Vous pouvez envoyer vos demandes de prière, devenir bénévole, me réserver une conférence, devenir un partenaire financier mensuel ou faire un don en ligne sur www.rreministries.org. Raittia Rogers Evangelism Ministries Inc, P.O. 481122 Tulsa, Oklahoma 74148.

www.ingramcontent.com/pod-product-compliance
Lightning Source LLC
LaVergne TN
LVHW021814060526
838201LV00058B/3374

REMERCIEMENTS

_____

_____

_____

_____

_____

_____

*** Je n'ai rien contre un homosexuel ou quiconque susceptible de trouver le même sexe attirant. Je ne suis pas celle qui juge, je vous aime avec l'amour de Dieu. Comme 2Pac a dit "seul Dieu peut me juger". Ha ! Les écrits de ce livre ne visent pas du tout à offenser qui que ce soit. Dieu m'a simplement conduit à partager une grande partie de mon témoignage avec certaines des personnes qui ont joué un rôle essentiel dans ma vie. Je tiens à dire au monde que si Dieu a pu me changer et me donner une nouvelle direction dans la vie, il peut certainement vous changer vous aussi ; je vous aime. Jamais je ne serai parfaite, mais je m'efforce d'atteindre la perfection et d'accomplir ce que Dieu m'a appelée à faire sur la terre. Ce n'est plus ma volonté mais la sienne. Je suis toujours en train de guérir, 16 ans plus tard, et toujours sur le chemin de la guérison.
Bénédictions à vous tous. ***

JE ME SUIS ÉVADÉ DE PRISON

dans un bon quartier, avec de bonnes écoles et beaucoup de bons souvenirs. Merci d'avoir cru en moi, et merci de soutenir mon ministère quand tu le peux. Je t'aime papa. Que Dieu te bénisse, Raymond Dever.

Pour finir, une amie extraordinaire, Meagan Pinkney, pour ses mots d'encouragement à partager mon voyage avec le monde. Que Dieu te bénisse. Continue de briller. Dieu a de grandes choses en réserve pour des gens comme toi. Tu es un parangon. Je t'aime !

***

Je vous invite à réfléchir aux aspects de votre vie auxquels vous vous accrochez et dont vous voulez vous libérer, aux chaînes de l'esclavage, que ce soit sur le plan physique, spirituel ou les deux. Je vous encourage à les écrire ci-dessous, à prier et à les laisser partir. Je prie pour vous.

Je vous prophétise aujourd'hui que Dieu est sur le point de vous emmener dans Sa grandeur ! !!

de me réveiller et de m'apporter le petit-déjeuner au lit. Merci pour mon manteau des Dallas Cowboys qui était en dépôt lorsque j'avais 13 ans ; tu l'as payé et tu as essayé de le sortir pour moi. Le magasin nous a ensuite fait une surprise pour Noël et nous n'avons plus eu à payer. Merci d'être la meilleure grand-mère pour ton premier petit-enfant. Mon fils Keorri qui a maintenant 21 ans ; je t'aime bébé. Merci d'avoir essayé de me discipliner alors que j'étais plus jeune parce que tu disais qu'un jour ça me rattraperait. Merci, maman, de m'encourager dans mon ministère et mon bénévolat. Merci de m'avoir encouragée à écrire un livre sans savoir que je l'avais déjà commencé. Merci, maman, Angel McBee. Que Dieu te bénisse. Je t'aime.

Papa, merci pour ton amour, ta sollicitude, tes paroles de sagesse, ton aide pour tout ce dont j'ai besoin, pour m'avoir toujours corrigée quand tu pensais que j'en avais besoin, pour m'avoir appris, quand j'étais jeune fille, à me prosterner devant le Seigneur et à dire la prière du Seigneur sur mon lit, pour m'avoir élevée dans les bonnes manières et le respect et pour ton bon petit déjeuner à la crème de blé, bien souvent. Merci pour la belle maison brune dans laquelle nous vivions,

REMERCIEMENTS

Tout d'abord, je tiens à remercier mon tout premier véritable amour, la Trinité, Dieu le Père, le Fils et le Saint-Esprit, qui m'a délivré de l'intérieur. Pour tout ce que tu as fait pour moi, à travers moi, et pour les grandes choses à venir, en étant toujours là pour moi tout ce temps, et jusqu'à la fin des temps et de la vie, pour toujours. J'ai voulu te dire merci pour ton véritable amour, et ton inspiration ; je t'aime, ta fille distincte, Raittia.

Je voudrais remercier mon merveilleux mari, Michael Rogers, pour m'avoir aimée quoi qu'il arrive. Pour m'avoir soutenue dans mon désir d'avoir et de tenir, pour m'avoir remontée quand je glissais, pour avoir servi avec moi dans le ministère, pour avoir été là pour moi sous le soleil, le tonnerre, la pluie et les pannes d'électricité aussi. Tu es un vrai bleu. Je t'aime !

Maman, je tiens à te remercier de m'avoir élevé du mieux que tu pouvais. Je te remercie d'avoir prié Dieu pour que je naisse et que je fasse une différence sur la terre. Merci de chanter pour moi le matin,

Trouve une bonne église à fréquenter, une église qui prêche ce que la Bible nous enseigne, apprends, sois planté, grandis, partage le message de Dieu avec les autres, pardonne aux gens et marche dans l'amour de Dieu.

PRIÈRE/REMARQUES

Prière du salut

Romains 10:9-10 affirme que si tu déclares de ta bouche : "Jésus est Seigneur", et que tu crois dans ton cœur que Dieu l'a ressuscité des morts, tu seras sauvé. Car c'est avec le cœur que tu crois et que tu es justifié, et c'est avec la bouche que tu professes ta foi et que tu es sauvé.

Demande au Saint-Esprit de te remplir du don du parler en langues, crois seulement et reçois. Actes 2:4 dit : "Tous furent remplis du Saint-Esprit et se mirent à parler en d'autres langues, selon que l'Esprit le leur permettait."

Éloigne-toi de toute personne qui te persuade de continuer à pratiquer le péché. Trouve-toi des amis chrétiens avec qui traîner pour te remonter le moral, prier pour toi, achète une bible, lis-la, prie et vis-la. Selon Jacques 1:22, "Soyez des pratiquants".

je me souviens avoir dit à Dieu que j'étais sérieuse dans notre relation ; je l'ai dit du fond du cœur. J'ai dit à mes anciens amis que je ne partais pas avec eux et que je ne voulais pas faire ça. Ils sont partis en colère contre moi. Je préfère que les gens soient en colère contre moi, plutôt que Dieu soit en colère contre moi. Nous ne sommes plus jamais restés amis. Je suis une nouvelle créature et les choses anciennes ont disparu, voici que toutes choses sont devenues nouvelles. 2 Corinthiens 5:17. Louez Dieu.

TÉMOIGNAGES

Témoignage: Lorsque j'étais en prison, le gouvernement a béni tous les détenus en leur donnant 5 $ sur nos livres pour Noël. J'ai reçu du courrier et cette église sollicitait des dons pour aider leur ministère. Je me suis sentie poussé à donner mes seuls 5 dollars pour bénir ce ministère; mes camarades de chambres m'ont dit que j'étais dingue. J'aurais dû les utiliser pour moi-même, mais à la place, je les ai semés. Quelques jours plus tard, j'ai reçu 50 dollars sur mes livres. Louez Dieu, Jéhovah Jireh, mon pourvoyeur!

Témoignage: Dieu a restauré ma relation avec mon père. Il m'a toujours aimé, quelle que soit notre séparation, et moi je l'ai toujours aimé. C'est un bon père et il nous a élevés dans le Seigneur.

Témoignage: Peu de temps après avoir été libérée, certains de mes amis l'ont découvert et m'ont rattrapé. Ils m'ont persuadé de partir avec eux et de sortir, de faire la fête, de me saouler, de me droguer, de coucher à droite et à gauche, mais Dieu m'avait déjà saisi pendant que j'étais en prison. Je n'avais pas l'intention de le laisser tomber et

À PROPOS DE L'AUTEUR